Maugham's Reading Notes

［英］毛姆 – 著

温恒 – 译

毛姆读书随笔

阅读是一座随身携带的避难所

Reading is a Shelter at Your Fingertips

北京理工大学出版社
BEIJING INSTITUTE OF TECHNOLOGY PRESS

图书在版编目（CIP）数据

阅读是一座随身携带的避难所 /(英) 毛姆著；温
恒译. —— 北京：北京理工大学出版社, 2022.11
　ISBN 978-7-5763-1666-7

　Ⅰ.①阅… Ⅱ.①毛… ②温… Ⅲ.①随笔—作品集
—英国—现代 Ⅳ.①I561.65

　中国版本图书馆CIP数据核字（2022）第160903号

出版发行 / 北京理工大学出版社有限责任公司
社　　址 / 北京市海淀区中关村南大街5号
邮　　编 / 100081
电　　话 / （010）68914775（总编室）
　　　　　（010）82562903（教材售后服务热线）
　　　　　（010）68944723（其他图书服务热线）
网　　址 / http://www.bitpress.com.cn
经　　销 / 全国各地新华书店
印　　刷 / 三河市金元印装有限公司
开　　本 / 880 毫米 × 1230 毫米　　1/32
印　　张 / 8.25　　　　　　　　　　　　责任编辑 / 徐艳君
字　　数 / 182千字　　　　　　　　　　文案编辑 / 徐艳君
版　　次 / 2022 年 11 月第 1 版　2022 年 11 月第 1 次印刷　责任校对 / 刘亚男
定　　价 / 39.00元　　　　　　　　　　责任印制 / 施胜娟

序

威廉·萨默塞特·毛姆出生于法国巴黎，他的父亲罗伯特·奥蒙德·毛姆是一名律师，兼任英国大使馆的法律顾问。毛姆是家中幼子，小时候，因为哥哥们都在英国读书，所以常常独享父母的宠爱，过着无忧无虑的快乐生活。可是好景不长，1882年1月31日，罹患肺结核的母亲伊迪斯不幸离世，令他幼小的心灵遭受重创。而两年后父亲的离去，更成为他人生的重大转折。

痛失至亲之后的毛姆，被托付给了远在英国的叔叔亨利抚养。由于缺少疼爱，他开始变得敏感、胆怯、内向、自卑，说话也结结巴巴。在叔叔的安排下，他进入了坎特伯雷国王学校，饱受同学们的嘲笑与奚落。可逆境中的毛姆并没有走向堕落，他独来独往，与书为伴，渐渐养成了阅读的习惯，希望从书中找到心灵的寄托，并以此缓解自己对母亲的思念。

1890年，毛姆离开坎特伯雷国王学校，进入了德国海德堡大学。1892年，十八岁的毛姆回到英国，进入伦敦圣托马斯医学院。他对医学不感兴趣，却凭借异于常人的天资和努力，同时获得了内、外双科的从医执照。

求学的五年期间，毛姆从未放弃过写作，他似乎具备与生俱来的创作冲动，不愿蹉跎自己的黄金岁月。

1897年9月，毛姆的处女作《兰贝斯的丽莎》一经出版，便受到了社会各界的广泛关注。同年10月，他刚从医学院毕业，便决定弃医从文，专心文学创作。接下来的几年里，他先后创作出了好几部小说，可按毛姆自己的话说，没有一部能够"令泰晤士河起火"。后来，他决定转变发展方向，开始创作戏剧。1907年10月26日，他的剧本《弗雷德里克夫人》登上了舞台，在各大剧院连续上映持续一年之久，他本人也因此声名鹊起，红极一时，甚至与著名剧作家萧伯纳齐名。

　　好在毛姆并没有因为成功而自满，他依然勤奋、自律，拥有强烈的创作欲望。不过此时，他决定暂时放下戏剧，开始创作自己的另一部小说《人生的枷锁》。这本书最终出版于1915年，叙述了主人公菲利普自孩童时代起，近三十年的生活经历，记录了他成长过程中的迷茫、困苦、悲伤和绝望。而菲利普的不幸遭遇，大多取材于毛姆的亲身经历，因此这本书可以说具备一定的自传色彩。

　　年轻时的毛姆身材健硕，长相俊朗，似乎从来都不缺少情人，"我几乎没有停止过恋爱，从十五岁一直到五十岁"。二十岁时，他便十分清楚自己的性取向，但一场著名的审判，让他看清了社会的深刻偏见，因此始终对此讳莫如深。要说他真正爱过的女人，恐怕也只有一个，那便是埃塞尔温·西尔维娅·琼斯，一个明眸皓齿、浑身散发着母性光辉的女子。1913年12月，毛姆向她求婚，却惨遭拒绝，心灵再次遭受重创，后来便取她的原型写下了《寻欢作乐》这部小说。

　　毛姆的阅历十分丰富，他亲眼见证过两次世界大战。1914年8月，第一次世界大战爆发后，毛姆以红十字会志愿者的身份前往一线支援。他目睹惨烈的战况，心急如焚，迫切希望能够贡献自己的一份力量。于是，他接受了英国军情六处的委派，决定以作家的身份为掩护，前往瑞士收集来自德国的情报。1917年8月，他又受命前往俄国，对总理克伦斯进行了游说工作。后来，毛姆便根据这段经历创作出了《英国特工阿申登》。1939年，第二次世界大战，毛姆已经彻底克服了自己口吃的毛病，于是他利用自己在法国和美国的影响力，到处演讲、发文，帮助英国寻找同盟。战争结束之后，他又开始致力于慈善，设立了"毛姆文学奖"，用以资助精英作家们的海外旅行计划。

　　毛姆酷爱旅行，他信奉现实主义，讲求以事实为基础进行创作。因此，他热衷于通过旅行寻找灵感，慢慢积累素材。1916年，他行至法国波利尼西亚的塔希提岛，以二百法郎的价格从一位农民的手中买下了十五年前葬身于此的高更的弥留之作，后来便以此创作了他一生中知名的小说之一——《月亮与六便士》。1919年造访中国之后，他又根据自己的见闻创作出三部作品：《苏伊士之东》《面纱》《在中国的屏风上》。旅行丰富了他的见闻，为他带来了大量的写作素材，也为他的文字赋予了浓浓的异域风情。毛姆是一名真正的旅行作家，十八岁时，他便通晓法语、德语和部分意大利语，因为足迹遍布亚、非、拉诸多地区，对各个国家的文学作品也有着深刻的理解。

　　毛姆一生作品众多，小说、戏剧、游记、随笔等文学领域皆有涉及，他善于观察复杂的人性，毫不留情地解剖人的内心和情感，再以客观、冷静、超凡脱俗的态度揭示自己眼中的善、恶、美、丑。他性格豪爽、直言不讳、喜欢点评、言辞辛辣，得罪过一大批文学评论界人士，还自视甚高，几乎不曾把其他作家放在眼里。可不得不承认的是，他的作品读者众多，遍布世界各地，而且销量奇高，堪称20世纪"受众最广的畅销之作"。

毛姆一生追名逐利，毫不停歇。他是一位精明的作者，善于用朴实无华的语言、烟火气息浓重的故事，牢牢吸引读者的注意力。他娓娓道来的写作方式，恰似一位与读者促膝长谈的老人，既温柔又亲切、既犀利又幽默。年少时，他吃够了寄人篱下的苦楚，因此成名之后，始终保持着创作的热情，产量颇丰，他渴望名利，却从不避讳。

1938年，六十四岁的毛姆回首自己的写作生涯，写下了一部兼具自我剖析、生活回忆、文学思考的自传体作品——*The Summing Up*（《总结》）。后来，他又接受《星期六晚邮报》之邀约，写下了自己对于诸多经典著作的点评，向读者提出了众多读书方面的建议，是为*Books and You*（《书与你》）。1945年，应美国《红书》杂志编者的邀请，他又列出了自己心目中的世界十佳小说名录，并分别佐以自己独特的见解和思考，构成了一部分风格简约、让广大读者受益匪浅的文学回忆录——*Ten Novels and Their Authors*（《十大长篇及其作者》）。而本书，便是以上三部随笔的集成之作。

毛姆十分热衷于讲故事，如果不是因为口吃的毛病，他极有可能成长为一名慷慨激昂的演说家，成为各大社交场合的话题名人。他从不以小说家自居，而仅称自己"是个讲故事的人"。

他自言："二十几岁时，评论家们说我野蛮；三十几岁时，他们说我轻浮；四十几岁时，是愤世嫉俗；五十几岁时，是才能兼备；如今我六十几岁了，他们又说我浅薄。我万里独行，沿着自己设计的道路砥砺前行，不断通过作品追求自己梦寐以求的人生。我认为，每位明智的作家都应该多读他人的点评，以同等的平常之心对待指责与赞赏——被称作天才之时，耸耸肩膀一笑置之是件很容易的事；可被当作傻瓜时，要想若无其事就没那么容易了。"

善于洞悉人性的作家在文学界十分常见，他们往往会因为冰冷的言辞、辛辣的点评，给人留下刻薄的印象；而作家之间彼此的冷嘲热讽、相互揶揄更是屡见不鲜。所以反观毛姆，我们也可以看到，他在点评他人之时，似乎也并没有嘴下留情。"远达不到上流社会标准"的简·奥斯汀小姐、"没什么创作才能"的司汤达、"无法感受母语优雅"的巴尔扎克、"不知如何刻画上流社会人物"的查尔斯·狄更斯，皆是他不偏不倚的点评之词。他认为，青春是创造力的重要来源，满腔热血、活跃思维、惊人记忆，不过是花样年华的馈赠，终生皆具。因此，我们大可不必对自身的平庸而感到焦虑，因为天才其实也不过如此，更何况毛姆本人对"天才"有着自己的评判标准。

读书，是一件仁者见仁、智者见智之事，一本书是好是坏，是有趣还是乏味，每个人都自有其评判的标准。可书海无涯，而读者的经历又总是有限的，因此一份具有广泛适用性的书单，可以为那些迷茫之中的读者指明前行的方向。毛姆说："我推荐的所有书籍，皆可与千千万万的普通读者产生共鸣，因为这些书要传达的，是普遍的人性。"读书的目的，在他看来，就是愉悦身心，获得精神上的满足。所以无论是最能体现美国风情的美国文学、必须要读原著才能收获乐趣的欧陆文学，还是那些流传千古的英法文学，都必须以"可读性"为选择读物的基本原则。他为我们列出的书单，也皆是他虔诚拜读之后，自觉大有收获的著作。

如果你喜欢阅读，却又不知从何读起，那不妨跟随毛姆的指引，听听他的见解和建议吧。

温恒

目录

目 录

I

┤ 书与你 ├

如果一部小说无法为读者提供乐趣，那还谈什么价值。

聪明的读者能够使用略读的艺术

首先，我想要告诉本书的读者，我是如何挑选出这些作品的。

我曾受美国《红书》杂志编者的邀约，列出我心目中的世界十佳小说名录。我率性为之，不加任何思索，便给出了近乎武断的答案。但其实，我心目中的佳作并非只有这十部，倘若再给我十个选项，我依旧可以列出一份不一样的名单。在我看来，这些书籍各有千秋，我推荐它们的理由也五花八门。每一位阅历丰富的读者对佳作都有各自的评判。但我想，我们总有心灵相通之处，我挑选的这些作品也一定会在部分读者的书单中占据一席之地。读书这件事情，本身就是仁者见仁，智者见智。一个人推荐一部小说的理由可以千变万化，而善于点评的读者也总能为倾心的著作赋予千千万万个瞩目的优点。一场恰逢其时的邂逅，能够打开读者的心扉。而特定的主题和背景，亦能迎合读者的品位与情感，从而产生主观上的非凡意义。因此我想，一位狂热的音乐发烧友或许会对亨利·汉德尔·理查森的《毛里斯·格斯特》推崇备至；"五镇"居民亦会因阿诺德·贝内特对风土人情的忠实刻画，对《老妇人的故事》青睐有加。这两部小说均是难得的佳作，但同时我也认为，任何价值观公允的读者都不会将它们纳入十佳之列。国籍、身份会对读者的品位产生深刻的影响，从而引导他们对特定的作品产生浓厚的兴趣，并给予更高的评价。18世纪的英文文学在法国普及甚广，但自此开始直至近代，法国人民都只钟情于本国先驱者们的法文著作。他们不会如我一般推崇《白鲸》和《傲慢与偏见》，却一定会力荐拉法耶特夫人的《克莱芙王妃》，并振振有词，只因它确有过人之处。

《克莱芙王妃》是一部悲情小说，亦可能是文学史上第一部心理小说。这本书文采卓然，言简意赅，故事优美动人，角色也栩栩如生。它描绘了法国校园人尽皆知的社会时局，对道德环境的刻画也借鉴了高乃依和拉辛的风格。它的内容与法国最辉煌的历史息息相关，散发着鼎盛时期的光辉，同时也为黄金时期的法国文学做出了不可磨灭的贡献。然而，母语为英语的读者可能无法感受到主人公非凡气度的人性之处，亦可能认为故事人物的对话刻板，举止做作，皆不可置信。我并非批判这样的观点有失偏颇，但胸怀如此观念之人，必然不会将这本著作纳入十佳小说之列。

我为《红书》杂志列出推荐书目之时，写过一则短评："聪明的读者往往能够巧妙地使用'略读'的艺术，在阅读中收获最大的满足。"同理，明智的读者也不会将读书视作一项必须完成的任务，反而会将其视为一种消遣。这样的读者读小说，是为了对小说中的人物产生兴趣，观察他们在特定背景下的行为举止、处世见闻。此时，读者会因他们的困苦而心生怜悯，亦会因他们的喜悦而备受鼓舞。从某种程度上来说，他们甚至会以这些人物的视角，亲身经历他们正在经历的一切。他们解析生活的观点，思考人生的态度，无论溢于言表还是付诸实践，都会激起读者惊诧、欢愉，乃至义愤填膺的情绪。但读者并不会因此而迷失，他们会像猎狗循着狐狸的味道一样，本能地找到兴趣所在。而这种迂回婉转，重新找到阅读方向的本领正是略读的技巧。

每个人都会略读，但"略读而得其全部精要"则绝非易事，这可能是一种天赋，亦可能是一项可以后天习得的技能。约翰逊博士深谙略读的技巧，鲍斯韦尔说他"可以快速掌握全书之精髓，而无须劳心劳神地通读全文"，但毫无疑问，鲍斯韦尔定是在说信息传播、启蒙教育一类的书籍。倘若读者将读小说视为一项苦差事，那还不如干脆不读。不幸的是，我认为鲜有小说能够从头到尾吸引读者，令读者的阅读热情丝毫不减。略读并非良好的阅读习惯，然而读者有时却不得不这样做。他们一旦开始略读，便很难停止，从而错失大量关键的细节，使阅读的收获大打折扣。

我推荐的书单在《红书》杂志刊登后不久，便有一家美国出版商向我提议：重新发行这十部小说的精华版，并邀请我分别为每一部作品撰写引言。他们想要省略其中一切不必要的细节，择取作者观点和人物塑造之精华，除繁冗拖沓之糟粕，以精致而浓缩的内容帮助读者最大限度上收获精神上的满足。起初，我对这样的想法惊讶不已，但一番深思熟虑之后，又深觉其确有道理。我们中的某些人或许能够习得略读这项技巧，为我们所用；但大多数读者却没有此般本领，他们需要一位技巧纯熟，且见解无偏颇之人为他们指明前行的方向。因此，我欣然接受了撰写引言的邀请，并打算不久之后便投入该项工作。然而，震惊于此的文学专业学生、教授以及评论家则认为，这样的做法是对大师杰作的损毁与亵渎，他们坚称：读者应该按照作者的书写顺序一字不漏地进行阅读。而我却认为，删减是否得当取决于著作本身。《傲慢与偏见》动人的爱情故事、《包法利夫人》环环相扣的故事结构皆决定了二者容不得任何删减。而见解独到的评论家乔治·森茨伯里也认为："没有哪部小说能够同狄更斯的小说一样，经得起精简和浓缩。"所以删减本身并没有什么可指摘的。一部剧本，或多或少都需要经过删减，才能够惊艳四座。多年前，我曾与萧伯纳共进午餐，听闻他的剧本在德国大获成功，在英国却反响平平。他将成就归功于德国人民的高超智慧，将失败归咎于英国民众的蠢钝无趣。但事实却并非如此。在英国，他坚持自己的剧本应该完完整整地进行演绎；而在德国，导演却毫不留情地删减了大量无关紧要的多余情节，最终以戏剧化的精髓向观众呈现出了赏心悦目的舞台效果。我认为其间原因不便直言相告，但也实在想不出什么理由，来反对出版商对小说的精简与浓缩。

柯勒律治说过，初读《堂吉诃德》定要一字不落地通读全文，而再读只需大致浏览即可，言语间似有贬斥之意。他认为文中的部分内容冗长、乏味，甚至荒诞不经，读者一旦发现这些缺点，便会认定重读只是枉费时间。然而事实上，这是一部伟大的小说，是所有自诩研究文学之人皆应通读一遍的非凡之作（我曾逐字逐句通读其英文版两遍，西班牙语版三遍）。当然，普通读者阅读只为兴趣，他们大可完全略过少量沉闷的内容，直接跳转至紧扣故事主题的段落，欣赏儒雅骑士和忠厚仆从之间的动人故事、奇幻冒险和幽默互动，领略全作之精髓。西班牙的一家出版商曾单独将这些内容整理成册，我认为可读性极佳。除此之外，塞缪尔·理查森的《克拉丽莎》也是一部重量级的著作，但这部小说的篇幅之长足以令最虔诚的读者望而却步。假如我无法获得这部鸿篇巨制的精简版本，我或许永远不会萌生阅读的念头，而即便精简版问世，我也得要求它恰到好处，不能损失任何原作中的深意。

普鲁斯特的《追忆似水年华》是20世纪公认的小说成就之巅峰。我和众多忠实读者一样，皆能饶有兴致地阅读他写下的每一个字。情至浓时，我甚至曾语出狂悖，声称"宁愿品味普鲁斯特的枯燥乏味，也不愿枉溺于其他作家的幽默风趣"。如今，我已读完第三遍，却又不得不承认之前的见解有失偏颇——书中各部分内容虽各有千秋，却也彰显出参差不齐的内在价值。普鲁斯特深受时局观念的影响，长篇累牍地记述了他漫不经心的思考过程。如今，这部分内容或已被时代摒弃，或已成老生常谈，其原始的魅力也随着时间的流逝逐渐消减。但是，普鲁斯特幽默文学家的本质却永垂不朽。假以时日，人们一定会发现，他塑造的角色栩栩如生、独一无二且千变万化，此番成就足以比肩巴尔扎克、狄更斯和托尔斯泰等小说巨匠。时光荏苒，这部皇皇巨著的精简版或将应运而生，时光会为我们褪去部分内容的价值，而那些禁得住时间考验的篇章，终会因浓缩而壮美，流芳百世。即便如此，《追忆似水年华》仍将是一部鸿篇巨制。安德烈·莫洛亚著有一部佳作，名为《追忆马塞尔·普鲁斯特》。我曾借书中繁杂的史料记载得知，普鲁斯特原打算将他的小说分三卷出版，平均每卷再分四百页。可第二、第三卷印刷时，刚好碰到第一次世界大战爆发，小说被迫推迟出版。彼时，普鲁斯特健康状况堪忧，无法服役参战，他便利用充足的闲暇时间，继续丰富第三卷的内容。"新增的许多内容"，如莫洛亚所言，"基本上是心理学和哲学方面的论述，包含了这位智者对小说人物所作所为的评判之言。"同时他还补充道，"这部分内容还汇总了一系列蒙田风格的随笔，主题涉及音乐的作用、艺术创新、风格之美、人类族群之少数以及医学天赋等方面。"莫洛亚所言不虚，这些内容的确为小说增色不少，但能否提升其文学价值，则有待商榷。因为这种形式的内容能够发挥怎样的基础性功能，终究因人而异。

关于小说的基础性功能，众说纷纭，文学界尚无明确定论。赫伯特·乔治·威尔斯写过一篇名为《当代小说》的散文，文中说道："小说是一种交流的工具，是我们立足于当代社会发展，借以探讨时事热点的唯一载体。同时，小说也将发展为'一种社交媒介、思想载体和自我审视的工具。一种宣扬道德、礼尚往来、孕育风俗、批判法律规章、挑战社会信条及观念的文学手段'。"此外，他也认为："小说未来将要面临的，将是纷繁复杂的政治问题、宗教问题和社会问题。"威尔斯无法容忍人们将小说视为一种娱乐消遣的工具，曾明确表示小说绝非艺术的表现形式。更奇怪的是，他十分反感世人将他的小说称作"宣传文学"，只因他认为"宣传是局限于特定组织党派、宗教或学说的服务型工具"。当代社会，"宣传"一词的含义已经得到了充分发展，变得十分广泛，它泛指一切通过口头、文字、广告、重复等手段，引导他人接受特定是非观念与公平价值的方法。而威尔斯的主要小说著作皆以传播信义为目的，因此就这一点而言，我们绝对可将其定义为"宣传"。

那么现在，以上所有的论述都将归结为一个问题，那便是小说能否被称为艺术的表现形式？小说的目的究竟是宣传教育还是取悦读者？如果是宣传教育，那便与艺术无关，因为艺术本身就是为了娱乐而生，这也是诗人、画家和哲学家们的共识。然而，这样的共识亦会令许多人大惊失色，因为基督教义有言，我们皆应谨慎对待欢愉的情绪，将其视作诱惑不朽灵魂的甜蜜陷阱。如此看来，我们既应理所当然地享受"欢愉"，也应警惕"欢愉"可能带来的不良后果，避而远之。普遍的观点认为，欢愉只是建立在感官之上的一种情绪，这是人们自然而然就会产生的认识，因为肉体上的享受往往比精神上的满足来得更加真切。然而，这却是一个错误的观念。欢愉的形式多种多样，若不是以猛烈之势骤然来袭，则必定如涓涓细流经久不衰，而无关乎肉体或精神。《牛津词典》对艺术的其中一则定义为："审美学科（诗歌、音乐、舞蹈、戏剧、演讲、文学作品等）中的技巧应用。"这样的解释恰到好处，但它仍补充说明道："尤指现代应用中，以完美工艺、顶尖制作进行具象自我表达的技巧。"我想这便是每位小说家都了然于胸，但始终无法实现的宏伟目标。既然如此，我认为我们大可将小说称为艺术表达的一种形式，这种形式虽然存在着根本上的缺陷，以至于无法相媲美真正的阳春白雪，但终究属于艺术的范畴。我们现在所探讨的话题，正是我四处讲学之时做过的一番研究。如今，我的观点尚未改变，却无法确保表达技巧一如从前，因此我将在此稍作引述，作简要说明。

我认为通过小说进行布道或授业，是对小说的一种滥用。读者也常常会受到误导，自认为掌握知识是一件很容易的事。勤学苦练是获取知识的唯一途径，这样的道理朴实无华，却不知难倒了多少英雄好汉。小说就像一瓶果酱，而有益的信息则像一堆令人难以下咽的知识粉末，二者搭配，我们便可欣然食用。然而，此时美味的粉末是否仍旧包含有益的信息，我们始终无法确定。同理，小说家的个人偏见亦会曲解知识本身的含义，令知识丧失原有的公信力。倘若事实已经被歪曲，我们还不如就此被永远蒙在鼓里。小说家没有任何理由精通别的领域，他们术业专攻，有所成就便已足够。当然，小说家也应该对众多领域有所涉猎，泛而不精，僭越本行，成为另一领域的专家则全无必要，甚至有害无利。他们要想知道羊肉的滋味，无须吃下一整只羊，只需一根羊排即可。然后根据羊排的味道充分发挥想象力与创造力，便能够绘声绘色地向读者描述爱尔兰炖羊肉的风味。但倘若有人借一根羊排的味道，大谈畜牧养殖、羊毛产业，甚至澳大利亚的政治环境，那么听者最好有所保留，不可全信。

固有的偏见往往会左右小说家的思想，影响其题材的选择、角色的塑造，乃至作者对角色的态度。作家所写，也皆是自我个性的表达、本能的宣示，以及感情与经历的倾诉。无论他们如何努力地保持客观，仍会受到个人喜好的制约，以各自的思想为主宰，无法做到不偏不倚。小说故事通常会以人物介绍拉开序幕，先入为主地抓住读者的兴趣所在，并让读者产生共鸣之情。亨利·詹姆斯曾一再强调，小说家必须掌握戏剧化的表现手法。这是一句模棱两可的劝诫，意在强调作家们必须注重情节的编排，一切以吸引读者的兴趣为导向。因此，为了达到理想中的效果，有些作家甚至会放弃力求逼真、还原事实的写作风格，与科学或教育性质的文学创作理念背道而驰。总而言之，小说家的目的并非传道授业，而是取悦读者。

第一人称视角 VS 上帝视角

　　小说的创作方式可分为两种：一为第一人称视角下的创作，二为全知者视角（上帝视角）下的创作。二者各有利弊。

　　作者以上帝视角进行创作时，通常会将所有必要的信息尽数告知读者，引导读者紧跟故事情节的发展，并深入了解其中的人物角色。作者也能够深入角色的内心，准确表达出他们的情绪和动机。假如有人横穿街道，作者也能够道明此间因果，并向读者指出故事发展的方向。他们可以同时介绍一群人物角色，讲述一系列故事见闻，然后在读者兴致逐渐低迷之时戛然而止，转而叙述另一群人物、另一些故事，以此重燃读者阅读的热情。同时，此般纷繁复杂的故事情节，亦能营造出众生百态、人情复杂、生机勃勃之象，从而令读者印象深刻。然而，这种创作方式也存在着风险：人物角色间的差异，会令读者的兴致也随之差异化。《米德尔马契》便是个著名的案例，作者喋喋不休部分角色的多舛命运，殊不知读者毫无兴致，早已不胜其烦。

　　上帝视角下的小说，常存在尾大不掉、冗长拖沓、结构松散的缺陷。托尔斯泰深谙此类创作，但也无法做到尽善尽美。这种创作手法对作者的要求极高，他们必须深入每个人物角色的内心，感其所感，思其所思，以自身性格特点为参照寻找共情之处。倘若作者无法做到这一点，他便只能以旁观者的角度对人物进行解读，从而丧失一定的说服力。

我想，正是因为亨利·詹姆斯十分注重小说的形式，且意识到了上帝视角下创作的缺陷，他才创造出一种全新的方式以作弥补，我们可以将其称为上帝视角创作的分支变体。作者使用这种方法创作时，仍旧充当着全知者的角色，但他的全知仅限于其中的某个人物，人物本身并非完美无缺，因此这样的全知也存在着片面性。作者以上帝视角创作时会写道："他看到她露出微笑。"而非上帝视角时则会写道："她的微笑略带嘲讽"，此时，作者擅自将嘲讽的意味赋予女子的微笑，实为妄加揣测之言。

当然，这种方法也存在其实用性，作者将特定的角色设定为故事的中心人物，并通过其所见、所闻、所感、所思来推进整个故事的发展，深入刻画相关角色的性格特点，从而摒除一切不相关的情节，避免拖沓。

亨利·詹姆斯必然清楚地认识到了这一点，故而在《使节》的创作过程中也使用了相同的手法来塑造斯特雷瑟这一角色。他的小说，结构紧凑，每一章节都有其存在的必要性，而这种半全知的创作手法也为他的作品赋予了一定的真实韵味。读者阅读这样的小说，会在作者的指引下将大部分的注意力集中于唯一的核心人物，不知不觉地接受人物所言，并信以为真。读者从书中获取的一切信息，也皆是站在这位核心人物的立场逐渐习得的。因此，所有的谜团、困惑、不确定性，都会随着核心人物的阐述一步步水落石出，从而令读者感受到莫大的满足。这样的创作会为小说赋予侦探故事般的神秘色彩，并彰显出亨利·詹姆斯毕生所求的戏剧化效果。

然而，细水长流式的情节发展也存在着局限性，因为读者的思维可能要比叙事主人公更加敏捷，他们会根据已知线索迅速推演出故事的结局，完全超乎作者的意料。《使节》中的斯特雷瑟便是这样一位人物，他蠢钝愚昧，直叫每一位读者都耐性全无——众所周知，唯他不知；事实就在眼前，他却视而不见；即使是公开的秘密，他竟也毫不知情；这便是此类创作的不足之处。读者洞察先机，作者却当他们是傻瓜，这是非常危险的。

既然大多数小说是以上帝视角进行创作的，那我们自然可以断定，小说家也承认这种方法在创作全局上的绝对优势，能够令他们的写作难题迎刃而解。另外，第一人称创作也同样具备优势。亨利·詹姆斯便曾使用第一人称进行创作，这种方法可以为故事赋予真实性，强迫作者坚持自己的立场，因为作者所述，皆是亲见亲闻、亲历亲为之事。倘若19世纪的英文小说家深谙此间门道，更加频繁地使用这种方式进行创作，或许也不会因彼时的出版方式或民族习性，而写出杂乱、离散的遗憾之作。第一人称创作还有另一个优点，那便是能让读者对叙事主人公心生同情，读者可以与该人物持反对意见，但同时也将被他深深吸引，进而不由自主地萌生怜惜之情。当然，这种方法也存在着缺陷。叙事主人公（如《大卫·科波菲尔》）亦充当着故事中的英雄角色，因此他自夸英俊潇洒、魅力不凡时，实在令人尴尬；自述英勇事迹，又显得轻薄浮夸；而当女主的爱意昭然若揭，主角却浑然不觉时，还会徒增愚笨之嫌。同时，这种方法也存在另外一个更大的缺陷，那便是叙事主人公，也就是小说的核心人物，有可能在其他相关角色的对比之下黯然失色，相形见绌。这也是此类小说家皆难以克服的一大难关。

我问过自己，为什么会发生这种情况，后来经过一番深思熟虑，也只得出一个答案，那便是因为作者在主人公的内心深处看到了自己的身影，习惯从人物的内心出发进行主观上的解读，所以当他在讲述人物际遇之时，便自然而然为该人物赋予了困惑、懦弱、心猿意马等主观上的情感。与此同时，作者看待其他人物则忠于客观上的表象，对人物的解读也全凭想象力和直觉。假如作者拥有狄更斯的创作天才，他定将充分发挥戏剧化的想象力，以寻欢作乐般的躁动、热衷奇人异事般的狂热，为这些次要人物赋予鲜活的特色，令他们脱颖而出，从而掩盖主人公自身的光华。

第一人称下创作的小说风格各异，层出不穷，也曾风靡一时。书信体小说便是其中之一。这类小说中的每一封信皆以第一人称进行书写，写信者也往往不止一人。这种小说形式非常写实，乃至读者很容易就会认为，这些都是真实的信件，且确由信中所言之人亲笔书写，只因保管之人背信弃义才落入了读者之手。如今，小说家竭力所求，也不过逼真二字。他们想让读者相信，自己所言之事皆有真凭实据，即便荒诞如闵希豪森男爵的故事，恐怖如卡夫卡的《城堡》，也绝不是空穴来风。但这种小说形式同样存在着重大缺陷：它的叙述风格迂回婉转、纷繁杂乱，往往令人摸不着头脑，故作深沉的长篇大论也让人无法忍受。因此，书信体小说往往冗长啰唆，包含大量无关紧要的内容，而当读者逐渐厌烦倦怠于此，这种体裁也就慢慢销声匿迹了。

当然，此间佼佼者也曾横空出世，我认为堪称大师杰作的小说有三部：《克拉丽莎》《新爱洛伊丝》和《危险关系》。

此外，我认为在众多第一人称创作的小说之中，亦存在着能够扬长避短的旷世佳作。它们开创了小说创作的全新途径，为我们展示了最高效、最便捷的写作手法。赫尔曼·麦尔维尔的《白鲸》便是此般手笔的最佳示范。作者以这种方式创作时，会以第一人称亲述故事的来龙去脉，但他并不是故事的主人公，他所讲述的故事也并非自己的经历。他扮演着一个平平无奇的配角，与故事中的其他人物或多或少存在着紧密的联系。他并非故事情节的主要推动者，却也参与其中；作为其他角色推心置腹的密友、负责调停的中间人，深情观望着所发生的一切；他沉思着亲身目睹的景象，如古希腊悲剧中的合唱队一般，献上自己的颂歌；他会哀叹，亦会好言相劝，但他无法左右历史的进程；他会向读者吐露真情，将自己的见闻、希望和恐惧全都告诉读者，即便茫然无措，也知无不言。这样的人物无须像亨利·詹姆斯笔下的斯特雷瑟一样愚蠢，相反，作者完全可以将他塑造为思维敏捷、头脑清晰的远见之士，因为他对读者坦诚相见，而作者也没什么好隐瞒的。此时，故事的讲述人和读者产生了兴趣上的共鸣，他们共同关注着其他人物的性格、动机、行为以及人物本身，从而萌生对这些角色的亲切之感，而这种亲切感，实则是讲述人通过他所塑造的人物，在读者心中泛起的情感涟漪。如此，作者便营造出了真实的感觉，其说服力也丝毫不亚于那些主人公便是作者本人的小说。同时，作者也可逐渐丰富故事中主人公的形象，进而激起读者的同理心，展现主人公光彩照人的一面，而非像叙事主人公自吹自擂那般，挑战读者忍耐的极限。如果一种小说的创作方法能够令读者对故事中的人物产生亲切感，并营造出更加逼真的叙事效果，那么这种方法必然非常值得推崇。

优秀的小说应具备哪些优良品质

现在，我想斗胆阔谈，我心目中的小说佳作应具备哪些优良的品质。

首先，它的主题应具备广泛的吸引力。换句话说，它的主题不应只迎合少数群体的品位，如评论家、教授、高知、公车售票员或酒保，而应放眼于全人类，以男人或女人的整体品位为服务的对象。

其次，主题的吸引力还应经久不衰，历久弥新。倘若作家所选的题材只能供读者一时消遣，那未免过于草率，而如果有哪部小说无法继续做到以上这两点，那么它便如过期的报纸一样不堪一读。

再次，作者讲述的故事必须前后衔接，逻辑清晰。它应该具备完整的小说结构——开头、过程和结局，故事的结局还应该与其开头自然衔接，相互呼应。故事的情节也不应过分夸张，脱离实际，除推进主题故事的发展之外，还要适当延伸，跳脱于故事之外，令读者耳目一新。作者塑造的人物应具备个性，其举止也应与性格相符，绝不能有与读者预期不符的情况出现。我认为，小说家所塑造的人物最好性格讨喜。福楼拜的小说《情感教育》备受评论家的赞誉，但他的男主人公平庸至极，毫无个性而言，以至于读者丝毫不愿关心他的所作所为、因缘际遇。结果，尽管这部小说优点甚多，却终究令人不忍卒读。在此，我认为有必要向读者解释我为何主张小说人物应当富有个性：作家要想塑造全新的人物，难度非常之高，作者笔下的人物取材自现实生活，即便众生百态，性格各异，人物的种类也并非无穷无尽。小说、故事、戏剧、史诗历经数百上千年的发展，早已物尽其用，留给作家们进行创新的空间微乎其微。纵观小说历史，我能想到唯一的一个绝对原创人物便是堂吉诃德。然而，一些博古通今的评论大家仍旧从浩瀚无垠的历史中找到了堂吉诃德的远祖原型，实在令我震惊不已。幸运的作者或许能够通过自身的个性来塑造笔下的人物，倘若作者的个性不同凡响，那么读者也必然会产生错觉，认定这样的人物定属原创。正如举止应与性格相符，谈吐也应与之相称。时髦女子，谈吐就不该俗套；风尘中人，说话也不能一本正经。因此，当梅瑞狄斯和亨利·詹姆斯笔下的人物都以作者的口吻进行讲话时，便不合逻辑。人物之间的对话既不应随意散漫，也不应包含作者的观点，它应当帮助讲话人彰显个性，并推动故事情节的发展。叙事的部分应力求逼真，直奔主题，同时言简意赅地交代出相关人物的动机以及人物所处的环境。文字应做到简单易懂，切勿故作深沉，要让素养平平的普通读者也能轻松阅读。写作的风格应与叙述的内容相得益彰，就好像精心剪裁的鞋子才配得上匀称美观的双脚。

最后，小说应具备娱乐的品质。我虽将其放到最后，却认为它是小说基本的元素之一，一旦缺失，其他的品质都将毫无意义。小说彰显娱乐品质的手段越高明，就越能吸引读者。我们都知道，娱乐一词含义广泛，其中之一便是能够激发兴趣、博人一笑的品质。然而，人们往往会陷入误区，认为搞笑才是娱乐重要的属性之一。无论是《呼啸山庄》《卡拉马佐夫兄弟》《项狄传》，还是《老实人》，读者能够从中获得的乐趣都具备同等的分量。虽然不同的小说具备不同的吸引力，但它们都各有其存在的价值。小说家言论自由，他们有权探讨关乎全人类的重要话题，如上帝是否存在、灵魂何以不朽、生命的意义与价值究竟何在。而约翰逊博士则认为，此类话题已无须多言，因为新的观点难免漏洞百出，而普遍真理早已老生常谈。可小说家们虽引以为戒，却仍然跃跃欲试，乐此不疲。他们希望读者认为：这是故事讲述的必要环节；这对小说人物的塑造非常重要；这将深刻影响人物的言谈举止。也就是说，如果没有这些内容，很多事情根本就不会发生。

　　然而，即便小说具备上述全部优良的品质，其形式也难免会存在缺陷，如白璧微瑕般给人留下美中不足的缺憾。这便解释了为什么世间不存在完美的小说。短篇故事是小说的一部分，它的篇幅较短，十分钟到一个小时便可轻松读完；它通常只围绕一个明确的主题，叙述一个完整的故事，故事的大小分支在精神上或物质上都存在着紧密的联系；它的内容紧凑，长短也恰到好处。我认为这样的短篇故事完全可以达到完美的境界，而将这些故事加以收集整理也并非难事，且早已存在先例。然而，小说却是一种叙事文学，它的篇幅可长可短。它可以长如《战争与和平》，叙述特定时间内此起彼伏的一连串事件，浩浩荡荡的一大批故事人物，亦可以短如《卡门》，寥寥数页，便精彩落幕。如今，作者为了赋予故事一定的真实性，往往会强加叙述一系列与之相关的事实，即便这些事实毫无趣味可言。小说中的大事往往不会相继发生，作者会为其加入时间上的间隔，并穿插附加的内容用以承前启后，从而保持情节之间的平衡。这些附加的段落称之为"桥"。大多数作家在"过桥"时会选择听天由命，或多或少地运用写作的技巧来蒙混过关，以致内容拖泥带水，最终乏味异常。小说家亦是普通人，他们情感细腻，极易受到时代风气的影响，所以常常随波逐流，丧失文笔中原有的吸引力。

对此，我可以举例说明：19世纪以前，小说家极少注重景色描写，他们只需三言两语便足以描绘心中所想。然而，浪漫主义学派（夏多布里昂为其代表）的兴起却引领了一阵景色描写的风潮，备受人民群众的青睐。作者在描述沿街而行的路人前往药房购买牙刷时，一定会告诉你，他途经了什么样的房子，商店里都卖什么样的东西。无论是黎明、落日、星夜、云天，还是群山雪顶、幽暗森林，都能够引发作者无休止的景色描写。这些内容固然美轮美奂，却与主题毫无关联。作家们也是在很长时间之后才发现，无论景物描写多么诗意盎然、多么引人入胜，除非它有助于故事情节的发展，有助于刻画故事中的相关人物，否则便一无是处。

如果说这样的美中不足纯属偶然，那么另外一种缺陷似乎是与生俱来，无法避免的。一般情况下，小说的篇幅都比较长，因此完成其创作往往需要花费几个星期甚至几年。而作者的创新思维会随着时间的流逝而逐渐枯竭。此时，他们只能硬着头皮，凭借自己的基本素养继续完成创作。倘若如此还能抓住吸引读者的注意，那便真是一大奇迹了。

以前，读者注重数量大于质量，他们常常希望物有所值，小说的篇幅越长越好。作者们也只好绞尽脑汁，添油加醋，满足出版商和读者的双重需求。然而，他们却发现了一条滥竽充数的捷径，那便是穿插叙述各种各样毫不相干或者貌合神离的故事。这些故事有长有短，甚至有时会长如一部中篇小说。人们始终认为，这样的赘述会令不朽的著作蒙尘，同时耗尽读者的耐心。塞万提斯在创作《堂吉诃德》时，也曾踏足这条投机取巧的捷径，他态度冷静淡漠，对此毫不避讳，因此饱受同时代评论家们的批判。可他知错能改，摒除恶习，最终完成了这部人们心目中不可能完成的旷世佳作。然而，后世的作家们却没有此番觉悟，他们一定没有读过这些批判之言，因此舍不得放弃如此便利的创作捷径，仍旧以出版销售为目的，进行滥竽充数式的创作。

19世纪，出版方式迎来创新，小说家们也面临着全新的诱惑，杂志月报因大量刊登"通俗文学"（知识分子对它的蔑称）而风靡一时，为众多作家提供了连载形式的作品展示平台以及赚钱的机会。同时，出版商也发现，热门作家的小说以每月固定字数的方式刊登实在有利可图。因此，作者会与出版商签订合同，承诺定期提供一定篇幅的文字用以充实版面的内容。然而这样的约定实际上是在鼓励他们进行长篇累牍式的创作。即便狄更斯、萨克雷、特罗洛普这样的文学大家，有时也会将如期交稿视为一种负担。难怪他们会添油加醋！也难怪他们的故事中总有些毫不相干的情节！因此，每当我想到小说家们要克服重重阻碍，避开重重陷阱，才能如期交稿之时，我就能够接受伟大的小说著作总有瑕疵的这一事实。唯一能令我惊叹的，反而是这些不完美之处居然算不上真正的瑕疵。

倾听故事是人类根深蒂固的欲望

　　我一直希望能够提升自己的文学素养，因此阅读过各种各样的小说作品。总的来说，这些作品的作者与赫伯特·乔治·威尔斯一样，都不赞同将阅读视作一种消遣。但他们在一点上却达成了共识，那就是小说的故事无足轻重。他们认为：读者对小说元素的重要与否各有评判，而故事情节则会妨碍读者专注于重要的内容；同时，故事的讲述只能服务于故事本身，是小说的低级形式。然而他们似乎根本没有想过，故事情节其实就像一根救命绳索，作者抛砖引玉只是为了救读者于水火，牢牢抓住他们的兴趣。我并不赞同他们，因为倾听故事和独享财产一样，是人类根深蒂固的欲望。自古以来，人们就喜欢围着篝火、汇聚于市井聆听各种各样的奇闻逸事，热情丝毫不减。正因如此，侦探小说才能在我们的时代大受欢迎。如今，我们将小说家仅仅定义为讲故事的人，无疑是对他们的蔑视，更何况这世上根本就没有这样的人。作者讲述事件、选取人物，表达他们对人物的态度，都是为了批判现实生活。这些内容或许既不新颖，也不深刻，但它们实实在在地摆在那，各有其存在的价值。因此，作者可能不会察觉，他们其实是在以含蓄的方式表达着各自的道德观念。然而，道德的学问不像数学那样失之毫厘，差之千里；它与人类的言谈举止息息相关，因此千变万化，且正因人类的爱慕虚荣、变幻无常、摇摆不定所致。

我们生活在一个问题世界，小说家们的任务无疑便是解决这些问题。前路漫漫，充满了不确定性；我们随时都有可能失去自由，陷入焦虑、恐惧、挫败的消极情绪之中；我们坚定不移的价值观念，也变得疑点重重。这些严肃的问题事关重大，因此作者在将它们写入小说之时，便已经料到读者会感到沉重乏味。如今，随着避孕套的发明，人们对贞节的重视程度早已不胜以往，对待性关系的态度也发生了重大改变。小说家自然很快注意到了这一点，因此他们一旦察觉读者兴致低迷，就会安排情色的内容博人眼球。我认为这样的做法有失妥当。切斯特菲尔德爵士曾说，性爱的快感转瞬即逝，毫无用处，且代价高昂。如果他活到现在，有机会阅读现代小说，我想他或许还会再加上一点：性行为本身就很单调，千篇一律的描述只会令小说更加冗长无聊。

如今，相比叙事而言，小说家更注重人物性格的塑造。小说的人物塑造非常重要，读者只有深入了解人物的内心，才会去关心他们的经历见闻，与他们产生情感上的共鸣。然而，小说的创作方法不止一种：围绕人物塑造的方法为其一；纯粹叙事、辅以人物塑造的方法为其二。《吉尔·布拉斯》和《基督山伯爵》则都是后者中的出世佳作。假如谢赫拉莎德集中精力叙述故事中人物的性格，而对人物的冒险经历轻描淡写，恐怕她早已人头落地了。

我在后续的篇章中，既介绍了众多著作的内容，又分别记录了各作者的生平和性格。这样的安排，符合我的个人喜好，同样也是为了读者着想。我认为，读者要想更深入了解一部作品，应该先了解作者的为人和性格。如果读者对福楼拜本人一无所知，那么他在阅读《包法利夫人》时一定会产生很多的疑惑；同理，如果读者对艾米莉·勃朗特略知一二，那么他一定更容易体会其作品的精妙绝伦之处。

我是一名小说家，我的这些文章也都代表了自己的立场。然而，这样的创作十分冒险，因为小说家常常自以为是，以己之长，较他人之短，并据此评判他人作品的优劣好坏。因此，作家们要想公正地看待心目中吸引力不足的作品，则需要保持客观、诚信、坦荡的胸襟，绝不可以意气用事，喜怒无常。另外，批评家们不搞创作，他们不是戴斯蒙德·麦卡锡那样学识渊博的惊世全才，所以很可能对小说写作的技巧知之甚少。而他们的评论，要么主观性极强，没有重要的参考价值，要么套用严格的评判标准，只为获取他人的赞同。这就好像鞋匠做鞋，鞋子的尺码只有两种，但哪一种也不合你的脚，即便你只能光着脚丫，他也不在乎。

读小说就是为了乐在其中

我写下这本书的初衷，是引导读者去阅读他们各自感兴趣的小说。然而，我不能透露过多故事的内容，因为这可能会败坏读者阅读的兴致。因此，我很难借这本书充分地表达出我的观点。我在修改这些内容时，理所当然地认为读者已经十分了解我所提及的小说，所以即便我无意间透露了作者想要蓄意隐瞒到最后的剧情，我也认为这没什么大不了的。同时，我会毫不犹豫地指出这些小说各自的优缺点，因为如果我们对某些经典作品肆意评判，毫不吝啬溢美之词，那无疑是对读者的一种误导。读者会在阅读的过程中发现：这样或那样的动机不足以令人信服；某个人物不够真实；某段情节与主题无关；某处描写单调乏味。假如他脾气急躁，甚至会大声叱喝，那些奉其为经典的批评家都是一群大笨蛋；假如他生性谦和，则会自责理解能力有限，认为自己根本就不是品鉴此类书籍的材料。再者，假如他固执己见、勤勉克己，则会认认真真地通读全文，全然不顾书中有无乐趣而言。然而，读小说就是为了乐在其中。如果一部小说无法为读者提供乐趣，那还谈什么价值。从这一点来看，每位读者都是各自最好的评论家，因为只有自己才清楚，自己喜欢读什么，不喜欢读什么。不过，小说家们或许会说：除非作者也有权向读者提出一定的要求，否则读者的评判对他们来说有失公平。这些要求包括：读者必须集中精力阅读其中的三四百页，读者必须充分发挥自己的想象力，对小说人物的生活、悲喜、困苦、危险、奇遇产生兴趣。换句话说，如果读者无法自发地从书中发掘有用的信息，那么他就无法充分领略一部小说的精髓之处。而如果他做不到这一点，还不如干脆什么都不读，毕竟读小说，不是什么必须要履行的义务。

II

┤书与作家├

我推荐的所有书籍，皆可与千千万万的普通读者产生共鸣，因为这些书要传达的，是普遍的人性。

活泼幽默的简·奥斯汀
和散发永恒魅力的《傲慢与偏见》

1

　　简·奥斯汀的一生，寥寥数语即可尽述。奥斯汀家族历史悠久，他们同英国诸多名门望族一样，借支柱产业的时代东风，通过羊毛生意发家致富；家财万贯后，又效仿社会显要购置土地，经历漫长的岁月后跻身地主士绅阶层。可简·奥斯汀所属的这一家族分支似乎没有继承到多少财产，其份额也远低于同族的其他成员，而此时的奥斯汀家族实际上也早已中道衰落。简的父亲名为乔治·奥斯汀，是汤布里奇外科医生威廉·奥斯汀的儿子。18世纪初期，外科医生与出庭律师的地位相当，而我们从《劝导》中也可以得知，当时的出庭律师只是无足轻重的社会基层。准男爵的女儿艾略特小姐与律师的女儿克雷太太本应相敬如宾，却往来密切，这也难怪"末流爵士的遗孀"拉塞尔夫人会大吃一惊。威廉·奥斯汀英年早逝，他的遗孤则由弟弟弗朗西斯·奥斯汀进行照料，且曾先后就读于汤布里奇学校与牛津圣约翰学院。这些内容全部收录于R. W. 查普曼博士的克拉克演讲稿，即后来出版成书的《简·奥斯汀的史实与问题》之中。我的以下论述也基本上来自这部佳作。

乔治·奥斯汀刚刚领受神职之时，便在远亲托马斯·奈特的安排下担任汉普郡史蒂文森的牧师。过了两年，他的叔叔便又在迪恩一带为他买了一个职位。关于这位叔叔，我们只知他慷慨大方，别的几乎一无所知，因此也只能猜测，他或许与《傲慢与偏见》的加德纳先生一样，是个商人。

牧师乔治·奥斯汀的妻子名为卡桑德拉·利，岳父托马斯·利则效命于万灵会，还兼任亨里附近哈普斯登的牧师。这位妻子出身名门，与赫斯特蒙苏一带的黑尔家一样，属于地主士绅阶层和贵族的直系亲属。如此看来，作为外科医生儿子的奥斯汀倒算是攀了高枝。结婚之后，两人一共生了八个孩子——卡桑德拉、简以及其他的六个儿子。当时，乔治·奥斯汀是史蒂文森的教区长，为了提高收入，他开始对外招生，并让自己的儿子们于家中接受教育。六个儿子之中，仅有两人托母亲的关系进入了牛津圣约翰学院，其中一子名为乔治，据查普曼博士所说，是个聋哑人，其他一概不详；另有两人则加入了海军，颇有一番成就；而幸运的爱德华，则被托马斯·奈特收养，继承了对方肯特郡和汉普郡的财产。

简是奥斯汀太太的小女儿，出生于1775年。她二十六岁时，父亲便移居巴思，将自己的职务留给了已有神职的长子。1805年，父亲去世，遗孀和女儿们痛定数月，随即便前往南安普敦定居。简写给卡桑德拉的那封信，也正是在南安普敦陪母亲外出拜访后完成的："我们发现兰斯太太的家里只有她一个人，她有没有子女我们不知道，至少没有出现，可那架钢琴真是气派……她们生活富庶，很有情调，好像也很喜欢结交富人；但我们哪有什么富人的样子；用不了多久，她一定认为，我们这些人根本不值得交往。"奥斯汀太太的财产已经所剩无几，但儿子们的孝敬足以让她衣食无忧，安享晚年。爱德华游历欧洲，随后便迎娶了古德内斯通的准男爵布鲁克·布里奇斯爵士的女儿伊丽莎白；1794年，托马斯·奈特已经去世三年，他的妻子经过一番深思熟虑之后，决定将哥德玛夏姆和乔顿的两处地产交给这位养子，自己带着养老金迁居坎特伯雷，并就此退隐。多年以后，爱德华决定将自己的一处房产供予母亲居住，母亲选择了乔顿，简也随之移居至此。到了这里，简几乎大门不出二门不迈，只是偶尔走亲访友，偶尔又外出长达数个星期。然而，疾病缠身的简为了寻医问药，接受更好的治疗，终于被迫前往温切斯特。1817年，简在温切斯特因病离世，并葬于当地的大教堂之中。

2

据说简·奥斯汀人格魅力十足："她身材高挑，亭亭玉立，步履轻盈稳健，外表健康活泼。她肤色浅黑，拥有丰满的面颊，匀称的小嘴和鼻子，浅褐色明亮的眼睛，以及一头天然的棕色卷发。"我见过她的一幅肖像，画中的女子五官平平，面部丰满，眼睛又大又圆，上半身格外显眼；当然，我也只见过这一幅，因此这位画家的描绘可能有失偏颇。

简·奥斯汀和她的姐姐可谓形影不离。她们从小便亲密无间，共处一室，一生相亲相爱。卡桑德拉上学时，简也会跟着去，尽管她年纪太小，听不懂女校为姑娘们讲授的知识，但如果没有姐姐的陪伴，她必定会痛苦不堪。"卡桑德拉要上断头台的话，"母亲说，"简也会跟她一起去的。""卡桑德拉的外表胜于妹妹，性子也更加沉稳，她含蓄内敛，性格中少了几分阳光开朗，却温婉谦和，绝不轻易发脾气；简则恰恰相反，她的性格不受约束，因此乐观积极，率性单纯。"简留存下来的信笺，大多数是写给卡桑德拉的，且都是姐妹二人短暂分居两地时所写。许多忠实的读者认为，这些信件没有什么阅读的意义，因为我们只能从中感受到简的冷漠无情，知晓她无聊琐碎的兴趣爱好。然而，我认为这再正常不过了，因为简·奥斯汀也从来都没有想过，除了卡桑德拉，还会有其他人读到这些信，她对姐姐说的，不过是自认为能够令她感兴趣的生活琐事：路人穿什么衣服，花纹棉布多少钱买的，认识了哪些人，偶遇了哪些老友，听了哪些闲话。

近年来，一些著名作家的书信集相继出版。我虔诚拜读，却时而满腹怀疑，心想这些作家是不是早有打算，要将这些信件择日出版。后来，我得知他们都保留着各自的信件副本，便一下豁然开朗，坚定了之前的猜想。安德烈·纪德曾希望将自己与克洛岱尔之间的来往信件印刷出版，克洛岱尔似乎不太情愿，便声称纪德的来信早已尽数损毁。然而，纪德不以为然，并回复称自己早已保留了副本，真是令人哭笑不得。安德烈·纪德说，他曾发现妻子将自己写给她的情书全部烧毁，并因此痛哭流涕整整一个星期，因为他认为这些信件是他文学成就的巅峰，亦是他能否流芳百世的重要倚仗。狄更斯只要外出旅行，就会写信给朋友，这些信件篇幅很长，慷慨激昂地描绘了狄更斯在旅途中的所见所闻；约翰·福斯特（狄更斯的第一位传记作者）甚至称赞这些信件完全可以一字不改地拿去出版。从前的人们耐心十足，他们可以在漫长的岁月中等待好友的来信，阅读朋友的有趣见闻，得知他们参加了什么聚会，能否带回你拜托他买的书、领带或是手帕。然而，倘若你满心期待于此，但来信之中却尽是些山川壮丽、历史遗迹的文字描述，你必然也会大失所望。

简在写给卡桑德拉的一封信中曾说："常言道，写信便是你嘴上想说什么，就在纸上写什么。如今，我终于掌握了这种表达的艺术，因此在这封信中，我跟你说话的速度几乎与现实生活中没有区别。"她说的十分正确，因为这的确就是写信的艺术，而她也的确轻而易举便掌握了这门艺术。她自称说话跟写信都使用了相同的口吻，那么她在写信时表现出的睿智、嘲讽、挖苦，必然也反映了她在现实对话中的诙谐幽默。而事实上，简写下的每一封信也确实都充满了幽默元素，无一例外。在此，我将举几个例子供读者鉴赏：

"单身的女子更容易落魄，这也是人们倡导婚姻的一大理由。"

"霍尔德太太命不久矣！这恐怕是人们不再攻击她的唯一理由，也是她能为自己做的唯一一件事。"

"谢伯恩的黑尔太太昨天生下一个死婴，惊吓所致，早产好几周，我猜可能是她无意中看了自己的丈夫一眼。"

"W.K.太太的葬礼，我们都见识了。在场之人，恐怕没有谁真正爱她，他们不过有幸活着，我倒没什么感觉。可现在，我倒十分同情她的鳏夫，他要是娶了夏普小姐就好了。"

"我十分欣赏布利尼太太精致的头发，仅此而已。兰利小姐不过是个普普通通的矮个子，大鼻宽嘴，袒胸露乳，衣着还算时髦。斯坦霍普将军倒是个翩翩公子，可惜腿太短，燕尾服又太长。"

"伊丽莎白上次见到克雷文勋爵是在巴顿，可能这次就在肯特伯里，而克雷文这周应该会在那儿待上一天。她十分迷恋克雷文的翩翩风度。唯一令人遗憾的大概就是他在亚士顿公园跟自己的情妇同居这个事实了吧。"

"W先生二十五六岁左右，长得不赖，但也不讨喜。他肯定不是第一次来这。他沉着冷静，很有绅士风度，但也寡言少语。听说他的名字叫亨利，造化弄人啊。我见过很多叫约翰和托马斯的，他们要和蔼得多。"

"理查德·哈维太太就要结婚了，不过这可是个大秘密，邻里只有一半人知道这事，你可千万别说漏了嘴。"

"黑尔医生重孝加身，毫无疑问，要不是他的母亲或妻子去世，就是他本人去世了。"

奥斯汀小姐喜欢跳舞，她向卡桑德拉讲述了自己参加的舞会：

"总共只有十二支舞，我跳了其中九支，要不是缺舞伴的话，另外几支也不在话下。"

"在场有位柴郡来的军官先生，年轻英俊，听说他很想认识我；但他的这种愿望不够强烈，我们自然也就无缘结识。"

"美女不多，有模有样的倒有几个。艾尔芒格小姐气色不好，布伦特太太则是唯一受宠的人。九月的时候她就那个样子，面大如盘、钻石发带、白色舞鞋、面红耳赤的丈夫、粗壮的脖子。"

"查尔斯·鲍莱特在星期四举办了一场舞会，引发了左邻右舍的极大骚动，这些人对他的经济状况都十分好奇，也巴不得他早点儿破产。他的太太，正如邻居们所料，愚钝、情绪化、花钱大手大脚。"

奥斯汀家的亲戚被传出了一些闲言碎语，听说是曼特博士行为有失，致使他的妻子愤然回了娘家，简对此写道："曼特博士毕竟是一位牧师，他们之间的忠贞感情，即便有不道德的因素从中破坏，也不伤大雅。"

奥斯汀小姐口齿伶俐，十分幽默。她喜欢自娱自乐，也喜欢逗别人开心。要让一位诙谐艺术家刻意隐瞒自己的幽默，简直太不容易了。而有时，幽默中不带一丝恶意的讽刺也是很难做到的，因为仁慈总是庄重而严肃，无法激起人们的好奇心。简拥有敏锐的观察能力，往往能一眼看穿别人的可笑之处——自负、做作、虚情假意；但值得称赞的是，她并不会因此而气恼，反而认为这很有意思。她性情和蔼，不愿语出伤人；却十分乐意与卡桑德拉一起取笑他们，认为这没什么不妥。我从未在她的言语间发现任何邪恶的本质，即便是最尖刻的话语也无半分恶意；她的幽默建立在观察和天分的基础之上，是幽默应有的样子。但假如环境需要，奥斯汀小姐完全可以变得十分严肃。尽管爱德华·奥斯汀从托马斯·奈特那里继承了肯特郡和汉普郡的庄园，可他大多数时间住在坎特伯雷附近的哥德玛夏姆，卡桑德拉和简也会相继来此小住，偶尔会逗留三个月之久。爱德华·奥斯汀的长女范妮是简最喜爱的侄女，最终嫁给了爱德华·纳希布尔爵士。她的儿子荣升贵族，获得了布雷伯恩勋爵的封号，并率先出版了简·奥斯汀的信件。信件中有两封是简写给范妮的，这位年轻的姑娘当时正在考虑如何应对男子的追求和爱慕。信件的内容理性而客观，同时饱含少女柔情，令人十分钦佩。

　　几年前，彼得·昆耐尔先生在《康西尔杂志》上刊登了范妮写给妹妹赖斯太太的一封信，令简·奥斯汀的崇拜者们非常震惊。撰写此信时，范妮已成为纳希布尔夫人，她在信中提到了自己著名的姑妈。这封信的内容出乎人们的意料，但充分展现了时代的特色；所以我在征得布雷伯恩勋爵同意后，特此引用，以供读者鉴赏。斜体文字是写信人特意强调的部分。爱德华·奥斯汀在1812年更名为奈特，所以需要指出的是，纳希布尔夫人所说的奈特太太指的是托马斯·奈特的遗孀。从这封信的开头来看，赖斯太太无疑听说了一些影射姑妈出身的传言，为此感到不安，于是便写信询问姐姐这些传闻是否空穴来风。纳希布尔夫人是这样回复的：

　　　　这是真的，亲爱的，无论从什么样的角度来看，简姑妈的风度确实衬不上她的才华，如果她还能再活五十年，或许可以在诸多方面有所进益，更加符合我们的品位。她的社交圈子鱼龙混杂，都不是什么富贵人家，更不是什么上等出身，总之比平庸之辈强不到哪儿去；虽说她们在智力和教养方面高人一等，但品位却是一样的低俗。不过，她们在结识奈特太太（*她很喜欢她们，待她们也很好*）之后似乎进步不小；简姑妈十分聪明，她隐藏了自己身上所有"粗俗"（*如果可以这么说*）的气质，至少学会了如何在普通的社交场合故作文雅。两位姑妈（*卡桑德拉和简*）的成长环境，几乎与世界和世界的发展（*我指的是时尚*）完全隔绝；如果爸爸结婚时没有将她们带到肯特，奈特太太也并没有如此善待她们，那她们虽不至于失去聪明和亲切的本性，也必然远远达不到上流社会的标准。如果这番话惹得你不快，请你谅解，但我向来心直口快，我的这支笔也选择记录真相，现在更衣时间快到了……

……我永远是你最亲的姐姐。

范妮·C. 纳希布尔

这封信令简的仰慕者们感到十分愤慨，他们坚持认为，纳希布尔夫人在写这封信时已经年老糊涂，不足以令人信服。然而，信中也并无相关证据表明她在胡言乱语；因为假如赖斯太太认为姐姐身体欠佳，不适合回信，她必然也就不会写信询问了。简的仰慕者们也认为，简如此宠爱范妮，而范妮居然这样评价自己的姑妈，实在是忘恩负义。然而他们并没有意识到：父母或者长辈的关爱慷慨而无私，孩子们却往往无法以同样的感情回报他们，这是一件令人遗憾的事，也是客观存在的事实。明智的父母或长辈也断然不会有这样的指望。众所周知，简终身未嫁，她对范妮的关心是一种近乎母爱的情感。她爱孩子，也深受孩子们的喜爱；孩子们喜欢她开玩笑的方式，也喜欢她讲的长篇故事。简和范妮也很快便建立了亲密的友谊。范妮的父亲公务繁忙，母亲则疲于生养，辗转在好几个孩子之间，她的心事无处诉说，便只能对姑妈推心置腹。然而，孩子们的眼光总是尖锐毒辣，他们的评价也总是冷酷残忍。爱德华·奥斯汀自继承哥德玛夏姆和乔顿以后，名气和地位蒸蒸日上，他的婚姻也为他扩展了人脉关系，令他结识了全郡最有势力的几大家族。他的妻子心胸狭隘，简和卡桑德拉对她看法如何，我们一无所知。然而，查普曼博士却宽容地认为：正是因为妻子的离世，爱德华才得以幡然醒悟，认为"他应当为母亲和妹妹们多做些事情"，并"充分利用自己的两处房产为她们提供容身之处"，毕竟这些财产跟随他已有十五年之久。但是依我看来，他的妻子并不欢迎丈夫的家人长居于此，她认为偶尔的邀约拜访已经足以表达夫妻二人对亲情的重视；因此，当她与世长辞，爱德华便得到了彻底的解脱，得以随意处置自己的财产。如果事实真是这样，那一定难逃简敏锐的观察，她很可能在《理智与情感》描写达斯伍德对待继母及女儿的部分中对此有所交代。简和卡桑德拉都是穷人，如果她们受邀与生活富足的亲戚（哥哥、嫂嫂、坎特伯雷的奈特太太、古德内斯通的伊丽莎白·奈特之母布里奇斯夫人）长期同住，那主人们必然也认为这是一种恩惠。我们都是性情中人，施恩他人难免会令我们沾沾自喜。简经常拜访年长于她的奈特太太，而奈特太太也总会在临别之时向她赠予"小恩小惠"；她在写给卡桑德拉的一封信中说，自己和范妮每个人收到了哥哥的礼物，价值五镑。这样的馈赠，对于自己的女儿或者家庭教师来说，或许算是一份不错的礼物，但对于自己的妹妹来说，总有些同情、怜悯的意味。

我相信奈特太太、布里奇斯夫人、爱德华和他的妻子都是真心对待简，十分喜欢她；但他们应该也认为，这对姐妹终究是外乡女子，无法和他们平起平坐。18世纪，城乡之间的差距十分明显，哪怕只在伦敦待过几年的人，也会与从未离开乡野的人形成强烈反差。这些差距则为喜剧作家们提供了丰富的写作素材。《傲慢与偏见》中的彬格莱姐妹个个自命不凡，一方面她们看不起班纳特一家，认为那些女子格局欠缺；另一方面，伊丽莎白·班纳特也难以忍受富家千金们娇滴滴的言谈举止。班纳特先生虽不是家财万贯，但好歹也是一方地主，而乔治·奥斯汀却不过是个乡下牧师，因此班纳特姐妹们的社会等级自然也就高于奥斯汀姐妹。简出身不高，如果她确实缺乏高贵的修养，也不足为奇。然而，如果范妮没有看出这一点，我们也可想而知，必然是她的母亲常常说三道四，才令范妮如此评价她的姑妈。简向来坦率，直言不讳，而且我猜，她的幽默感也一定常常显得十分唐突，令那些不识趣味的女人十分费解。我们可以想象，如果简将自己写给卡桑德拉的信说给这些人听，告诉她们自己识人判奸的眼光有多么犀利，那场面一定十分尴尬。简生于1775年，此时《汤姆·琼斯》已经出版二十五年，我们没有理由认为这短短的二十五年会令英国的国情大改。或许正如五十年后的纳希布尔夫人所言：简"与上流社会的标准相去甚远"，而她在坎特伯雷陪伴奈特太太的时候，也很有可能接受过这位长辈的提点，知道哪些行为可以让她表现得更加"优雅"。或许正因如此，简才会如此在意良好的教养一说，乃至在她的小说中也格外强调这一点。然而今天的小说家，如果也描写相同的社会阶级，必然认为这种修养是理所当然的事。我认为，纳希布尔夫人的信没有什么可指责的，因为她"心直口快，她的那支笔也选择记录真相"。结果如何呢？我虽然也能猜到简乡音难改，缺乏标准的礼仪，穿着土里土气，但这一点儿都不会令我感到不快。我们从凯瑟琳·奥斯汀的《回忆录》中可以得知，简和姐姐十分注重穿着，但她们的家人却不约而同地认为二人品位低俗；但究竟是不修边幅，还是不够合身，却并不曾提到。简的家人在评价她时，往往言过其实，极力夸大她的社会影响力，这完全没有必要。奥斯汀一家都是善良诚实、值得尊敬的人；他们位于社会阶级的中上层边缘，却常常难以界定自己的实际地位，即便事实摆在眼前，他们也是半信半疑，不能确信。纳希布尔夫人曾说，奥斯汀姐妹与朋友相处时十分自在，她们出身都不高，很容易便打成一片。然而，当她们遇到彬格莱姐妹这样的社会上流时，便会格外在意自尊，变得十分挑剔。我们不知道乔治·奥斯汀牧师是个什么样的人，可他的妻子我们却略知一二：她心地善良，却蠢笨无知、体弱多病；女儿们虽对她悉心照料，却也常暗自讥讽；她艰难度日，一直活到了九十岁；儿子们则终日沉迷于各种乡间运动，借到马匹，便驱马捕猎，浑浑噩噩直到长大成人。

　　奥斯汀·利是为简撰写传记的第一人。他书中的一段话，描写了简在汉普郡时的悠悠岁月，不用多想，我们也能感受到那种田园生活的静谧安然。"人们普遍认为，"他写道，"奥斯汀家的内务多由男女主人自行打理，很少交由用人全权负责。女主人们也常常亲自参与烹饪的主要环节，调制葡萄酒，提炼药材自制家庭用药……她们会以平常心纺纱织线，制成亚麻布以供家用。早饭茶点过后，一些女士喜欢自己动手清洗精美的瓷器。"我们从信中可以看出，奥斯汀家有时根本没有用人，甚至有时会随便找个女孩儿应付差事；而卡桑德拉做饭，也不是因为"很少交由用人全权负责"，而是她们根本就没有用人。奥斯汀家不穷也不富。奥斯汀太太和女儿们的衣服大都由她们亲手制作，而兄弟们的衬衣也都是出自姐妹们之手。他们在家酿蜂蜜酒，奥斯汀先生也亲自熏制火腿。他们的快乐都很简单，最为兴奋之事则当数阔绰的邻居举办的舞会。在历史的长河中，英国成千上万的家庭都过着这种平静、单调、体面的生活，而这位天赋异禀的伟大小说家居然就诞生于这样的环境之中，难道不奇怪吗？

3

简·奥斯汀是个很有人情味的姑娘。年轻时，她爱和人调情，也喜欢舞蹈和戏剧，她倾慕的男人，必定是长相俊朗的翩翩公子。她对各类礼服、软帽和围巾很感兴趣。此外，她还是一个心灵手巧的裁缝，追求"赏心悦目的简约款式"，那顶由旧礼服和裙子碎布改造而来的时尚礼帽便真切地印证了这一点。她的哥哥亨利曾在《回忆录》中说：

"简·奥斯汀简直全能，但凡出手必定马到成功。小小的木头块儿随手一抛便是完美的弧线，动作稳当，一气呵成，我敢说除了她没人能做到。耍起杯球玩具来，更是令人拍手称绝。她在乔顿时表演过这手绝活儿，但那个杯球耍起来简单，据说她连续一百次都不曾失手，疲了倦了才停下手来。有时候，由于眼睛疲劳，读书写作都力不从心，她便玩玩那个简单的游戏，果真有所收获。"

她飒爽的英姿活脱脱似一画中之人。

简·奥斯汀与学究大拿向来话不投机，因此也没人会把她与"才女"二字相提并论。但很显然，这并不意味着她缺乏教养。相反，她与那些同时代、同阶层的多数女性一样，都接受过良好的教育。查普曼博士是研究奥斯汀小说的权威人士，他列出过一份书单，上面是众所周知她读过的小说。这份书单至今都令人印象深刻。奥斯汀自然是读小说的，她读过范妮·伯尼，读过马丽亚·埃奇沃思和安·拉德可利夫，还读过不少译自法语和德语的作品（如《少年维特的烦恼》），同时几乎看遍了巴斯和南安普敦的流动图书馆中陈列的所有小说。但她的兴趣并不只是小说。她熟读莎士比亚的著作；在近代作家中，她读过司各特和拜伦的作品；但她最喜欢的诗人似乎是威廉·古柏，她自然而然地被他诗歌里的那种沉着优雅、充满理性思考的诗句深深吸引。欣赏各种各样的文学作品之余，她也拜读约翰森和鲍斯威尔的著作以及大量的历史文学。她喜欢大声朗读，听人说她的声音很甜美。

奥斯汀常常诵读布道辞文，尤其是17世纪有位名叫夏洛克的牧师所写的。初闻此事往往让人惊讶不已，但仔细想想又似乎见怪不怪。年少时我曾与教区牧师同住，见识过书房架子上满满当当的道文藏书，每一册都装帧精美。从出版商到销售商再到读者，这些书籍自有它们的存在价值。简·奥斯汀是一名虔诚的信徒，但她并不狂热。每个周日，她必定会前往教堂，参与神交圣礼；无论身处史蒂文顿还是格德默珊姆，她早晚都会诵读家庭祷告。不过，正如查普曼博士所言："那时候并不是宗教观念十分狂热的年代。"我们每天洗澡，早晚刷牙，不过是习惯使然，图得一时安逸。所以我理所当然会想到：奥斯汀小姐和同辈人一样，有模有样的涂油礼只是为了履行宗教职责，仪式过后便将一切宗教事宜抛诸脑后。就好像某件衣服，你暂时不想穿它，便会将它收起来放好，那么一天中乃至一周内的剩余时光，你都可以心安理得、一心一意地处理世俗事务。不过好在"福音传教士尚未堕落至此"。绅士的小儿子倘若领受神职，便可以养家糊口，从此衣食无忧，无须再谋工作；但他要想住上宽敞舒适的大房子，得到更多的收入，就该另兼他职。可矛盾的是，神职人员只有一心一意履行分内职责才称得上合格。简·奥斯汀深信，一位称职的牧师就应该"融入教区居民的生活，通过不断的关怀，向信徒传递真诚的祝福与友善"。这也正是他的哥哥亨利所奉行的实践准则。亨利为人机敏，乐观积极，是奥斯汀兄弟里最为杰出的一个。他曾下海经商，一度家财万贯，最终却走向破产。破产后，他领受神职，又成为教区牧师的典范。

简·奥斯汀的社会观点与普罗大众相同，她对当时盛行的社会风情颇为满意，这一点从她写的书籍和信件中可见一斑。她从未忽视社会差距的重要意义，认为贫富差距是自然而然产生的社会现象。年轻男子攀附权贵，发展仕途，为国王效力，这在当时既合理又合法；而女子适龄婚嫁，更属分内之事，婚姻虽说必然始于爱情，但也得符合一定的条件，双方满意才行。这是万事万物不变的发展规律，而奥斯汀小姐也不见得对此有任何异议。她曾写给卡桑德拉一封信，信中这样评价："卡罗和他太太在普茨茅斯大门不出二门不迈，生活起居全凭自理，庸庸碌碌可想而知。如此光景，她居然要把自己嫁出去，真是情操高洁，勇气可嘉啊。"所以说，年轻女子对待婚嫁理应谨慎万分，而芬妮·普赖斯的母亲便是一个活生生的教训，芬妮的成长环境之所以粗鄙不堪，与母亲的年少轻狂有很大的关系。

4

简·奥斯汀的小说纯粹是娱乐。如果你恰好认为娱乐是小说的主要目的，那么就必须将她的作品单独分为一类。伟大的小说从不缺席历史的舞台，一些作家的成就甚至远高于简，《战争与和平》和《卡拉马佐夫兄弟》便是其中两例。如果你想受益其中，就必须保持清醒的头脑、敏锐的观察力。然而，简·奥斯汀则不同，她的小说散发着永恒的魅力，即便你疲惫不堪、意志消沉，也会被她深深吸引。

简写小说的那个年代，并不提倡女子成为作家。修士刘易斯曾说："我讨厌所有舞文弄墨的女子，她们不务正业，可怜而可鄙。她们手中，应该是针线而不是笔墨，这才是她们应该熟练运用的唯一工具。"小说是一种极少受到推崇的文学形式，因此，听闻著名诗人沃尔特·司各特爵士写小说时，众人都惊讶不已，唯有奥斯汀小姐本人镇定自若。她"小心翼翼地隐藏自己的作家身份，生怕用人、访客或者家族之外的其他人心生疑窦。她会将文字写在小纸片上，方便随时藏匿；或者干脆用一张吸墨纸盖住，以期逃过众人的视线。正门与办公室之间有一扇活动的门，只要有人推开就会咯吱作响，扰人清静，但简却希望这样的叨扰永远继续下去，因为这样一来，她就可以随时注意到是否有人要进来"。她的长兄詹姆斯，甚至从来都没有告诉过自己正在上学的儿子，他津津有味阅读的小说其实出自简姑妈之手。另一位哥哥亨利也在《回忆录》中写道："她无意成名，一生都是如此，从不在自己的任何作品中透露姓名。"所以她出版的第一本书，《理智与情感》，并无署名，标题页上只写着"一位女士著"。

简的第一部作品并不是《理智与情感》，而是一部名为《第一印象》的小说。这部处女作"只有手稿，共分三卷，篇幅长度与伯尼夫人的《伊芙莱娜》大致相当"。简的父亲曾书信一封，请求出版社印刷出版，并自称出版费用由作者自负或另行商议。对方回信婉拒后，此事便不了了之。这部小说的创作始于1796年冬天，终于1797年8月，人们普遍认为，它就是十六年后出版的《傲慢与偏见》。

《理智与情感》和《诺桑觉寺》是她紧随其后相继完成的两部作品，同样没有机会出版。五年后，理查德·克罗斯比先生以十英镑的价格买下后者的版权，并更名为《苏珊》。可惜的是，他并未出版此书，最终却以同样的价格回售原作者。奥斯汀小姐的小说都是匿名出版的，因此他根本就不知道，自己以低廉的价格脱手的书，竟然是由《傲慢与偏见》的作者、声名显赫的奥斯汀小姐所作。1798年，简完成《诺桑觉寺》的创作后便极少创作，直到1809年，她也只写过《沃森一家》这样的零散文章。很长一段时间内，这位创造力非凡的作家都深居简出，甚至销声匿迹。有人说，她受情爱牵绊，无暇顾及其他。也有人说，她在德文郡陪伴母亲和姐姐的时候，"结识了一位魅力十足的翩翩公子，这位公子的为人、思想和举止都深得卡桑德拉的认可和妹妹的喜爱。离别之际，他表示希望很快再次重逢，卡桑德拉也深信他目的明确，会许诺妹妹一生的幸福。然而造化弄人，他的死讯不久便传到了奥斯汀家人的耳中，二人从此再无缘相见"。《回忆录》的作者也稍作补充，称他无法确定这段稍纵即逝的缘分"是否足以影响简的心性，动摇她的乐观"。我认为答案应该是否定的。如果奥斯汀小姐容易为情所困，那么她笔下的女主人公也一定会表现得更加温情。然而事实却是，她们的爱情都不热烈，一言一行也小心谨慎，深受理性的制约。如果是真正的爱情，那必然充满了不确定性，没有任何道理而言。简在《劝导》中声称，安妮·艾略特与温特沃斯彼此深爱着对方。但我以为，她在这一点上既欺骗了自己也欺骗了读者。正如司汤达所说，温特沃斯确实怀抱着amour passion（热烈的爱），然而安妮却只是amour gout（浅尝爱的滋味）。订婚后，安妮对拉塞尔夫人多管闲事的闲言碎语十分在意，她明知对方攀高踩低，一副小人嘴脸，但仍然选择相信她的话：嫁给随时都可能战死的低阶海军，实在过于草率和冒险。如果她深爱温特沃斯，自然甘于冒这个险；更何况她的母亲早已许诺将部分财产（三千镑还多，相当于现在的一万两千多镑）用作陪嫁，保她衣食无忧。她本可以一直维持着这份婚约，直到温特沃斯领命将她迎娶，就像本威克船长迎娶哈格里福斯小姐那样，皆大欢喜。然而，安妮·艾略特却听从拉塞尔夫人的劝诫，任性毁约。她想等待真命天子的出现，却始终孑然一身。她做好了随时嫁做人妇的准备，却发现自己居然如此深爱着温特沃斯，悔不当初。我们可以肯定的是，简·奥斯汀认为她如此作为是人之常情，可以理解。

她销声匿迹，最合理的解释便是出版无门，乃至意志消沉。她的闺中密友常常听简念叨自己的小说，并陶醉其中。但简生性敏感，为人谦和，她应该早就明白：朋友们只是爱屋及乌，或许完全能猜到她在影射何人。《回忆录》的作者曾极力否认她的角色拥有现实原型，查普曼博士似乎也赞同这种观点。他们认为简·奥斯汀应该具备令人难以置信的创造能力，实在过分苛刻。即便最伟大的小说家，司汤达、巴尔扎克、托尔斯泰、屠格涅夫、狄更斯和萨克雷，他们的人物也都取材于现实生活。简的确说过："我为自己笔下的人物感到骄傲，甚至不愿承认他们其实就是A先生或者B上校。"这里的关键词是"其实就是"。如同其他小说家一样，她将想象力发挥在某个人身上，以此影射小说中的角色，无论目的为何，都是在创造自己的人物，但这并不代表该角色与A先生或者B上校完全没有关系。

1809年，简和母亲、姐姐定居乔顿，安稳度日，便着手修改之前的小说手稿。1811年，女子写作已不再是什么离经叛道的事，《理智与情感》也终于出版问世。司布真教授曾在皇家文学学会讲座，郑重介绍简·奥斯汀，他引用了伊莱扎·费伊《来自印度的原信》的一则引言。1792年，奥斯汀小姐收到出版方迫切的邀请，希望她的小说尽快出版，然而公众舆论却极力反对"女人著书"，因此她只好婉言谢绝。1816年，她在信中写道："如今，人们的观念已经发生了天翻地覆的变化，并不断发展。妇女之光仍然在文学领域熠熠生辉，那些真诚质朴的当代女性，她们无畏文学探索之路上的指责非难，仍然决心扬帆起航，向读者传递知识与欢乐。"

1813年，《傲慢与偏见》出版，简·奥斯汀的版权销售收入为一百一十镑。

除上述的三部小说外，简另著有三部作品——《曼斯菲尔德庄园》《爱玛》和《劝导》。她凭借这吉光片羽的几本著作，可谓牢牢确立了自己在文坛的地位。这些小说的出版过程漫长而艰辛，但不鸣则已一鸣惊人，她的迷人天赋很快便受到了广泛认可，哪怕最杰出的人物都同意她是个创作天才。沃尔特·司各特爵士向来不会吝啬他的赞美，在此我将稍加引述："这位年轻女子天资过人，她善于描绘生活中普普通通的人际交往、世俗感情和人物性格，是我平生所见最精彩的手笔。我虽然也能像其他人一样，用老掉牙的口吻叙述稀松平常的人情世故，但要以精妙的笔触营造出妙趣横生的效果，却是心有余而力不足。"

然而奇怪的是，沃尔特爵士竟一度忽视了她最珍贵的才华：她的观察深刻而透彻，情感也发人深省。但这样的观察之所以具备说服力，这样的情感之所以焕发生机，却又要归功于她的幽默天赋。她涉猎不广，因此她的小说基本讲述着同一类故事，人物也没有太大变化，都是同一种人，只不过观察角度各异，见解不同。她感官敏锐，判断能力极高，但也深知自己的极限所在。她的阅历局限于乡野，但正是这样的田园生活赋予她无限的创造力，令她心满意足。她只写自己熟知之事，正如查普曼博士所说，她认为人物间的对话，必须发自本心，不可凭空捏造。

人们发现，虽然她见证了法国大革命、恐怖活动、拿破仑的兴衰，可却丝毫没有在自己的小说中提及。因此，人们常常批判她与社会严重脱节，对家国大事漠不关心。然而，我们应该明白，简生活的那个时代，政治是男人的特权，女子涉政则有失体统。我们不能因为她没有提及这些事情，就认定她对此无动于衷。简很爱自己的家人，她的两个兄弟都在海军服役，常常身处险境，她也曾在信中提到自己对二人颇为挂怀。她为人谦逊，断不会料到自己的遗世之作会为后世敬仰，但她并非胸无大志，因为政治历史的缺失或许正是她创作的高明之处。事过境迁，历史就如同过眼云烟，只能博得人们一时的关注。"二战"的题材如今早已淹没在时代的洪流之中，诸如此类的一系列大事也像报纸中记录的新闻一样，终究会被淘汰。

多数小说家的创作水平都会经历起起伏伏，奥斯汀小姐却是我所知的唯一例外，她充分向我们证明：只有平庸之辈才会始终维持平庸的创作水平。她的创作则始终处于巅峰水平。如果我们眼光挑剔，确实可以发现《理智与情感》和《诺桑觉寺》中的一些缺陷，但这些缺陷相比它的优点而言实在微不足道。简的每一部小说，都有它忠实的读者，甚至狂热的信徒。麦考利认为《曼斯菲尔德庄园》是她的巅峰之作，有些读者（其中不乏知名作家）则认为《爱玛》更讨他们的喜欢，迪斯累里阅读《傲慢与偏见》足足十七遍之多，许多当代读者又会将《劝导》视为她最完美的作品。我则选择相信大多数普通读者的眼光，他们都认为《傲慢与偏见》是简·奥斯汀的代表作。一本书之所以成为经典，靠的并不是评论家的赞赏、学术权威的解读，以及学校的教育，而是一代又一代读者在收获快乐和知识之后的口耳相传。

总体而言，《傲慢与偏见》是最令我满意的一部小说。它以幽默开场，奠定了全书的基调："但凡有财产的单身汉，必定需要娶位太太，这已经成了一条举世公认的真理。"这种幽默贯穿始终，直至结尾给读者留下意犹未尽的憾事一桩。《爱玛》则是奥斯汀小姐众多小说之中，唯一让我感到冗长乏味的作品：弗兰克·丘吉尔和简·菲尔费克斯之间的爱情故事对我来说没什么吸引力；贝茨小姐虽然是个风趣人物，但她的频繁出场难道不会令人感到厌烦吗？另外，女主人公自视甚高，她瞧不起人的样子也让我十分反感。然而，我们不能因此就责怪奥斯汀小姐，毕竟我们今天阅读的小说，已经与当时读者所读的小说大不一样。随着风俗习惯的变迁，我们的世界观也发生了变化：我们一方面变得更加狭隘，另一方面却变得更加开明。一种普遍的处世态度，历经百年之久，可能会令如今的我们百思不得其解。

因此，我们在评价一部作品之时，往往会受到固有偏见和行为标准的影响，做出有失公允的判断。《曼斯菲尔德庄园》中，主人公范妮和埃德蒙德都因循守旧，一本正经，令我难以忍受。唯一能令我产生共鸣的，却只有无所顾忌、活泼好动且魅力十足的亨利和克劳福德。我无法理解托马斯·伯特伦爵士刚从海外归来，发现家人正津津有味地观看私人剧场的演出时，为什么会暴跳如雷。虽然简本人十分喜爱这些节目，但她居然认为这份怒气情有可原，实在令人费解。《劝导》的魅力世所罕见，我必须承认它是六部小说中最完美的一部，尽管我们可能都希望故事中的安妮少一分实事求是的执着，多一分公允的态度和鲁莽的干劲儿，或者干脆说少一分大龄女子古板的做派（莱姆里杰斯科布的那一幕除外），才算得上圆满。简·奥斯汀在塑造非凡人物这一方面没什么格外的天分，以下这一幕的编排就显得十分生硬、笨拙：路易莎·玛斯格鲁夫正在攀爬陡峭的台阶，她的爱慕者温特沃斯船长则怂恿她面朝自己，跳下台阶。她纵身一跃，却错失船长殷勤的怀抱，结果头先触地，当场昏厥。假如船长下意识地伸手相接，那么即便当时的科布是如今的两倍高，她离地面也不可能超过六英尺，就算纵身一跃，也不可能头先触地，无论如何，她都应该撞到水手强壮的身躯，虽然可能惊魂未定，但基本不会受伤。然而，她确已不省人事，随之而来的也是令人难以置信的混乱场面。赏金猎人温特沃斯船长被眼前的这一幕吓得浑身瘫软，现场的其他人也立刻茫然无措，虽说奥斯汀小姐能够坚强地面对亲朋的疾病与死亡，但我仍然很难相信，她居然没有发现这一系列事件中的荒唐之处。

卡洛德教授妙语连珠，是一位博学广识的幽默评论家。他认为简·奥斯汀不具备写故事的才能，并解释说，这里的"故事"是指一连串相继发生的事情，或许浪漫，或许离奇，她都无法驾驭。然而，简·奥斯汀志不在此，她的天赋也体现在其他方面。她头脑格外清醒，性格也分外活泼幽默，因此无法沉溺于浪漫的幻想。她感兴趣的事，也稀松平常，并没有非凡的品质，但她却可以通过敏锐的观察、犀利的讽刺、幽默的智慧，化平凡为不凡。我们大多数人认为，故事就是一系列相互联系、相互承接的事件，可分为开头、中间、结尾。《傲慢与偏见》的开头恰到好处，结局也顺理成章，它以伊丽莎白·班纳特和姐姐吉英的爱情故事开场，构成情节主线，带领我们走向"有情人终成眷属"的圆满终点。然而，生活阅历丰富的饱学之士却对这种传统意义上的幸福结局嗤之以鼻，他们认为，许多（甚至大多数）婚姻并不幸福，往往无果而终，人们结婚，也不过是为了追求另一种生活体验。因此，我们发现许多小说也会以婚姻为开头，讲述人们婚后的生活。这都是作者的权利。

部分普通的读者将婚姻视为爱情故事的美满结局。究其原因，其实也并不复杂：他们本能地认为，婚姻是男女生理上的结合，功能上的互补，是爱情发展的自然规律。另外，爱情经历萌芽、曲折、误解、袒露的过程，终究还是为结果（婚姻、子嗣）而服务的。小说家也曾为此辩护，他们认为，每对夫妻都是自然链上的一环，环环相扣构成整个社会网络，这才是婚姻存在的意义。《傲慢与偏见》的结局已算圆满，而新郎新娘富贵满堂的豪宅生活则实在是意外之喜。

《傲慢与偏见》结构精妙，情节连贯，前后衔接顺畅自然，故事内容也相对合理。令人奇怪的是，伊丽莎白和吉英知书达理，母亲和妹妹们却"远远达不到上流社会的标准",而这看似不合理的设定恰恰又是整个故事的关键。我曾想，如果奥斯汀小姐将伊丽莎白和吉英设定为班纳特先生的前妻所生，并将现任班纳特太太设定为三个小女儿的母亲，那么情况是否会大不一样。

伊丽莎白是简最喜欢的女主人公，"我必须承认，"她写道，"她应该是小说历史上最性感的尤物。"有人说，伊丽莎白的原型就是奥斯汀小姐本人，因为她将自己的乐观、积极、勇气、智慧、机敏、判断和情感全部赋予了这位小说人物。如果此言不虚，那我们自然也有理由认为，那位恬静优雅、美丽善良的吉英·班纳特便是她的姐姐卡桑德拉。读者普遍认为，达西先生是个缺乏绅士风度的难以相处之人，他犯下的第一个错误，就是在公共舞会上故意摆谱，不愿意同自己不认识、也不想认识的人跳舞。当然，这不算什么十恶不赦的大过，可他对伊丽莎白评头论足，偏偏又被本尊听得一清二楚，他或许浑然不觉，或许故意为之，因为他毕竟受到了彬格莱的怂恿，完全可以将责任推卸给对方。达西向伊丽莎白求婚时，确实表现出了令人无法原谅的傲慢。但我们也明白，他出身高贵、地位显赫，傲慢早已融入骨血，成为他性格的主要特点，如果没有这一点，故事根本就无法继续进行。另外，他求婚的方式也成就了全书最戏剧性的一幕，我们可以想象，随着奥斯汀小姐的经验日益丰富，她或许能够换一种方式来表现达西自然流露的情感，既能让伊丽莎白感到不悦，也不至于让读者大惊失色。简对凯瑟琳夫人和柯林斯先生的描写或许有些夸张，但在我看来，尚在喜剧允许的范围之内。喜剧生活和现实相比，往往更加戏剧化，也更加客观冷静，适当的夸张（诙谐）常常有益而无害。小心谨慎地掺杂幽默而荒唐的元素，就像往草莓上撒糖，可能会让喜剧更加美味可口。此外，我们必须明白，奥斯汀小姐生活在社会等级森严的时代，上流社会的人们普遍拥有一种凌驾于他人的巨大优越感，他们希望自己受到应有的尊重，而普通人也确实对他们毕恭毕敬。我年轻时认识一些贵妇，她们妄自尊大，虽然没有招摇过市，但也和凯瑟琳太太相差无几。至于柯林斯先生，他不就是我们今天所说的谄媚小人、装腔大拿吗？他们伪善的外表，只会让人更加厌恶。

简·奥斯汀不是一位卓越的文体家。她的文字朴实无华，毫不做作。她的语句结构，也颇具约翰逊博士的风格。她喜欢使用源自拉丁文的词汇，虽然措辞略显拘谨，但也不会让人感到别扭，还常常为妙语增光添色，令恶言婉转矜持。她笔下的对话流畅自然，富含生活气息，但对于我们来说，似乎又显得生硬做作。吉英·班纳特谈到恋人的妹妹们时是这样说的："她们肯定不赞同我和他交往，我也一点儿都不惊讶，因为他大可选择一个样样都比我强的女子。"当然，这番话或许就是她说的，但我还是认为这不太可能。现代小说家显然不会如此措辞，因为完完整整地还原人物所说会令读者感到十分乏味，此时适当的加工则非常有必要。我猜想，传统的教育可能教导人们在表达观点时讲求平衡，使用正确的语法，因此当时的读者也能够接受这种自然的表达方式，而近年来，小说家为了追求逼真的效果，往往打破传统，尽量让对话贴近口语，不失为一种创新。

虽说奥斯汀小姐写出来的对话略显严肃，但我们必须承认，她的小说人物总能在言辞之间彰显各自的性格。我只注意到她的一处疏忽："安妮微笑着说：'艾略特先生，我理想的伴侣，应该是一个睿智聪慧、博学广识之人，胸怀韬略，侃侃而谈。''你说得不对，'他温和地说道，'这不是理想伴侣，而是最佳伴侣。'"

艾略特先生存在性格上的缺陷。然而，如果他能够对安妮的话如此巧妙作答，那么作者一定隐藏了他身上某些不宜让我们知道的优良品质。这段话深深吸引着我，以至于我非常希望安妮能够嫁给艾略特，而不是因循守旧的温特沃斯船长。诚然，艾略特先生曾为了金钱迎娶一个"身份低微"的女子，并对她置之不理，而他对待史密斯夫人的态度也表现出了狭隘的一面。但这毕竟都是妻子的一面之词，如果我们有机会去倾听他的内心，或许也会发现他这一切都情有可原。

奥斯汀小姐有一大优点，我差点儿忘记提及。她的小说具备极强的可读性，甚至超越了一些更伟大、更著名的小说作品。正如沃尔特·司各特所说，她"善于描绘生活中普普通通的人际交往、世俗感情和人物性格"。她的书中并没有什么重大的事件，可每当你读完一页，总忍不住想翻到下一页，看看后来发生了什么。如果一位小说家能够做到这一点，那这必然是他最珍贵的创作天赋。

一生寻爱的司汤达
和存在缺陷却依然伟大的《红与黑》

1

1826年，一位品性善良、热爱文学的英国青年正在前往意大利。他途经巴黎，拿出随身携带的介绍信，结交了一位素不相识的引荐之人，在此人的帮助下，他出席了知名剧作家的太太——安瑟洛夫人每周二举办的迎宾宴会。环顾四周，他很快就注意到一个又矮又胖的男子正和席间宾客侃侃而谈。这名男子胡须浓重，头戴一顶假发，身穿一件紫罗兰色、颇显富贵之态的紧身裤，暗绿色的燕尾服外套，丁香紫色的马甲，带饰边的衬衣，以及一个光滑的高领领结。这位英国小伙看他外貌着实古怪，便忍不住打听他是何许人也。然而他的同伴也只是随口说出一个名字，两人之间的对话似乎毫无意义。

"此人在场，大家都十分紧张，"法国同伴接着说道，"他是个共和主义者，却效力于波拿巴帐下，他肆无忌惮地胡言乱语，根据目前的局势，极有可能为闻者招致祸事。他曾参与俄国和科西嘉的战争，地位显赫，此时或许正在讲述那段军旅趣事。那是他的独家珍藏，一有机会就在人前卖弄，喋喋不休。如果你感兴趣的话，我可以找机会向他引见你。"

巧的是，这位身材矮小的胖子极为热情地招呼了这位新客，闲聊几句之后，就听到这位客人问自己是否去过英国。

"去过两回。"他回答道。

身材矮小的胖子说自己曾经和两个朋友同行，住过英国的塔维斯托克宾馆，然后便咯咯笑着说，要给他讲述自己在那里的一次奇遇。一天，他在伦敦百无聊赖，便对随从抱怨说，这里没有可以相约陪伴的知己。然而，随从以为他想要女人，便四处打探，然后给了他一个威斯敏斯特路的地址，让他和朋友们第二天晚上去。他们欣然前往，却发现威斯敏斯特路远离市区，破败不堪，仿佛是抢劫和谋杀的频发地段，其中一人便中途放弃，无功而返。另外两人则全副武装，拿起匕首和手枪，乘马车继续前行。他们在一座小小的乡舍旁下车，三个面色苍白的风尘女子则出门相迎，将他们请进了屋。他们落座喝茶，最后在那里度过春宵一夜。他说他宽衣解带之时，赫然把手枪放到抽屉柜上，令陪伴在侧的女孩儿大吃一惊。年轻的英国小伙听到这段详细而露骨的经历，感到十分尴尬，他回到同伴的身边，便将事情一五一十地讲给他听，并表达出自己的震惊和难堪之情。

"他说的话你一个字也别信，"他的朋友开怀大笑说，"大家都知道这家伙是个阳痿。"

此时，年轻男子满脸通红，他提起那个胖子正在撰写英国书评的事，希望能快速转移话题。

"没错，他的确写过类似的东西，还自掏腰包出过几本书，不过一直没人愿意读。"

"你说他叫什么名字?"

"亨利·贝尔。不是什么大人物,也没什么才华。"

我承认,这段故事是我的想象,但它极有可能实实在在地发生过,并且准确地反映出当时人们对亨利·贝尔的看法。如今我们所熟知的,则是他的另一个名字,司汤达。他时年四十二岁,正在撰写自己的第一部小说。他经历过大起大落,拥有少数佼佼者才拥有的丰富阅历。他也曾投身大变革时代的发展潮流,深入各行各业和各个社会阶层,对人性拥有广泛而深刻的认识。他的同胞之中,哪怕是最善于观察的学者,都只能通过自身的个性对他人进行解读;然而,司汤达的表现手法十分独特,他善于扭曲人物的本来面目,展现出他们在自己心目中的独特形象。

1783年,亨利·贝尔出生于格勒诺布尔。他的父亲是一名律师,家财丰厚,在城里也算个响当当的人物;他的母亲则是医生之女,于他七岁那年不幸离世。借这寥寥数页,我只能对司汤达的生平做一个总结,因为他的一生,恐怕要整整一本书才能尽述,更何况在此,我还得适当介绍当时的社会和政治背景,实在心有余而力不足。幸运的是,这样详尽的书籍已经问世,如果读者在读完《红与黑》之后,想对作者有更多了解,则可以去拜读马修·约瑟夫森所出版的传记《司汤达,追逐幸福的人》,这本书史料充足,文笔生动,可谓读者最佳的参考资料。

2

司汤达曾详细描述自己的童年和少年经历,内容十分有趣,因为他内心深处的偏见在此期间逐渐养成，一直陪伴他走到生命的尽头。司汤达深爱自己的母亲，他自称这种爱是一种近乎恋人般的热爱，母亲去世后，他便被托付给父亲和母亲的妹妹。他的父亲敦肃认真，姨母真诚严厉，都是他十分憎恶的对象。他的家庭属于中产阶级，却亲附贵族，因此在1789年法国大革命爆发后，全家都充满了恐慌。司汤达声称自己的童年十分悲惨，但从他的种种记述来看，似乎又没有什么可抱怨的。

　　他聪明伶俐，喜欢争辩，甚至可以说野性难驯。格勒诺布尔陷入恐慌之时，贝尔先生被列入了可疑分子名单，他认定这是竞争对手阿玛尔想要趁机抢走他的生意，故意为之。"但是阿玛尔，"聪明的小司汤达争辩说，"把你列入了不热爱共和国的可疑分子名单中，而你也确实不热爱嘛。"虽然此话不假，但这位中年父亲却十分不快，因为他实在不愿听到自己唯一的儿子拿这样生死攸关的事情开玩笑。司汤达认为自己的父亲十分小气，但他花言巧语开口要钱时，父亲却从未吝啬。父亲禁止他读的书，他暗地仍旧照读不误。他最主要的不满就是被限制自由，不能和其他孩子一起玩耍。即便如此，他也绝不可能像他说的那样孤单，毕竟他还有两个姐姐，还有耶稣会教士座下听学的其他同学。事实上，他的成长环境和其他富裕中产阶级家庭的孩子没什么区别。而全天下的孩子们都一样，他们会把长辈的教导视为暴政，将必须完成的功课、行为选择的禁令视为残忍的酷刑。

　　大多数孩子在长大后会逐渐忘记儿时的愤慨和委屈，然而司汤达却做不到这一点，他直到五十三岁，依然对自己的过往耿耿于怀。他痛恨那位传道授业的耶稣会教士，因此极力反对教权主义，一生都不愿相信教徒能够保持绝对的虔诚。他的父亲和姨妈都是忠诚的保皇党人，因此他热烈拥护共和制，故意与他们对立。然而，十一岁的某个夜晚，他溜出家门参加革命会议，结果却大吃一惊。他发现无产阶级又脏又臭，行为和谈吐都粗鄙不堪。"简言之，我从未改变，"他写道，"我热爱人民，痛恨压迫人民的当权者，可这并不意味着我愿意忍受无休止的折磨，和人民生活在一起……我拥有最高贵的个人品位，我愿意为人民的幸福做任何事情，但我宁可每个月都坐两个礼拜的牢，也不愿跟小商小贩生活在一起。"

小司汤达非常聪明，擅长数学。十六岁时，他说服父亲将自己送入巴黎高等理工学院，为参军入伍做好准备。然而这只是一个离家的借口，他在入学考试当天临阵脱逃，放弃了这个自证实力的机会。司汤达的父亲有位朋友，人称达鲁先生，他的两个儿子都在陆军部（现国防部）任职。大儿子皮埃尔身居要职，他在父亲达鲁先生的要求下，收留了无所事事且必须找份工作的司汤达，聘请他加入自己的秘书团队。此时，拿破仑再次征战意大利，达鲁兄弟则随军出征，不久后在米兰将司汤达收入麾下。此间几个月，他一直都在从事文职工作，直到皮埃尔·达鲁在龙骑兵团为他谋到另一份差事。然而，司汤达不愿放弃米兰的惬意生活，他趁雇主不在，凭借花言巧语当上了米查德将军的副官。皮埃尔·达鲁归来后，即刻命令司汤达加入自己的兵团，而司汤达却到处找借口推脱，直到六个月后才正式领命入职。然而，司汤达仍旧心性未定，他发现兵团的生活十分无趣，便称病告假前往格勒诺布尔，并在那里辞去了自己的军职。他从来没有见过战争的场面，却毫不介意以老兵的身份自居，自夸神武。1804年，他四处寻找工作，利用一封米查德将军署名的推荐信力证自己曾身经百战，但后来经过证实，他根本不可能参加过这些战役。

几经辗转，司汤达回到家中，并在这里度过了三个月的时光，然后便前往巴黎，靠着父亲的一点点补贴勉强度日。此时，他胸怀两大目标：一是成为当时最伟大的戏剧诗人。为了实现这个目标，他认真研读过一本戏剧写作指南，并常常光顾影院。然而，他好像并没有什么创造的才能，因为他在日记中一次又一次恬不知耻地提到过，他如何将一部刚刚看过的戏改编成自己的作品，这样的人自然成不了诗人。他的另一大目标是成为情场好手，然而在这一方面，老天爷却不怎么眷顾他。他身材矮小，容颜丑陋，脑袋很大，头发很卷，是个臃肿的胖子。同时，他嘴唇单薄，鼻子突出，棕色的眼睛里充满了渴望，小手小脚，皮肤也和女人一样细腻。他曾骄傲地说，自己的双手久握刀剑，经常磨起水泡。除此之外，他既胆小又笨拙。因为表亲马夏尔·达鲁，也就是皮埃尔弟弟，他经常出席贵妇们举办的沙龙，这些贵妇的丈夫都是靠革命发家的富豪。然而席间，他一说话就变得结结巴巴，虽然脑子里都是聪明的想法，但始终没有勇气将它们表达出来。他从来都不知道自己的手应该放到哪里，于是买了一根手杖，不停地把玩，好让自己有点儿事干。他十分介意自己的外乡口音，因此进入戏剧学院，想要纠正这一点。在此期间，他认识了一位比他年长两三岁的配角演员，梅勒妮·古侬尔伯特。他心生爱慕，却又犹豫不决，一方面无法确定她的灵魂是否跟自己一样高尚，另一方面怀疑她罹患了某种不光彩的疾病，但他们终究还是坠入了爱河。我想他或许得到了想要的答案，因此才会跟随她来到马赛，一边在批发零售店里打工，一边陪伴她参加演出。而这段时间的相处也让他渐渐得出结论：无论是精神上还是在思想上，这个女人都不是自己理想的伴侣。所以当她合约到期，因缺钱被迫返回巴黎时，他终于松了一口气。

司汤达对性十分敏感，但他本人却不怎么性感。事实上，人们曾普遍怀疑他性功能有碍，直到发现他与情妇之间直白而露骨的往来信件，才找到理由否定这一点。他的第一部小说——《阿尔芒斯》里的主人公就是如此。这本书算不上佳作，却深受安德烈·纪德的喜爱，我想原因也并不难猜：这本书印证了他的信念，印证了他和妻子之间特殊关系的合理性，即没有性欲的爱情是完全有可能存在的。然而，"爱意"和"爱情"之间存在着很大的区别。我们可以没有欲望地对一个人产生爱意，却无法没有欲望地对一个人产生爱情。司汤达显然不是阳痿，他在《论爱情》的"论惨败"一章中说明了自己的身体状况。冒犯地说，正是因为他时常认为自己达不到他人的标准，才使得这种想法成为现实，因此也就出现了那些让他蒙羞的传言。他的热情源于理智，女人只是他满足虚荣心的手段，也是他证明男子气概的途径。他嘴上头头是道，把自己夸得天花乱坠，却没有任何实际行动可以表明他的柔情蜜意。他坦言自己大多数的恋情没有好结果，然而这很明显，一定是他胆小怕事的缘故。他在意大利时，曾请教一位军官如何才能获得女人的芳心，并郑重其事地将对方的建议记录下来。他按部就班地展开猛烈的攻势，却发现自己在对方眼里原来如此荒唐可笑，自己的虚情假意竟如此轻易地便被他人识破。司汤达固然聪明，但他好像从来都没有意识到，女人所理解的情话是一种感性的语言，理性的语言只能让她们心灰意冷。而感情的目标，也只能用感情来实现。

1806年，司汤达与梅勒妮分开几个月后，便再次来到巴黎。此时，皮埃尔已经成为达鲁伯爵，身份更加尊贵，他听闻司汤达在意大利的所作所为，心中甚是不满。然而在妻子的劝说下，他还是决定再给司汤达一次机会。耶拿战役之后，皮埃尔的弟弟马夏尔被派往布伦瑞克，司汤达则作为军事特派员助理随同前往。他尽职尽责，十分能干，因此马夏尔·达鲁应召前往别处之后，司汤达便顶替了他原来的职位。他放弃了成为伟大剧作家的梦想，决定在官场干出一番事业。他先是将自己当作帝国的贵族，然后又自称荣誉军团的骑士，最后才做回了薪酬丰厚的部门行政长官。他一边热烈地拥护共和主义，将拿破仑视为剥夺国民自由的暴君，一边却又写信给父亲，请求他为自己买个贵族头衔。他还为自己的名字加上小品词，自称"亨利·德·贝尔"，想来实在可笑。然而，这并不影响他成为一位足智多谋、才能出众的行政长官，他曾在一次起义活动中（据说是一名法国军官因口舌之争拔剑刺死了一位德国公民）表现出英勇的气概，令人刮目相看。1810年，司汤达再次升职，并重返巴黎。他在荣军院的一间豪华套房中办公，收入十分可观。他的座驾是一辆双马拉的四轮篷式马车，配有车夫和男佣各一人。他和一名合唱团的女歌手同居，却又十分渴望拥有一个地位尊贵的情人，来提升自己的身价。就这一点而言，他认为年轻貌美、育有四子的亚历山德琳·达鲁，即皮埃尔的妻子便是最佳人选。司汤达的成就可以说是达鲁伯爵一手提拔的结果，但他似乎从来都没有顾念过这份情义，他无视前程和道德，执意勾引达鲁的妻子，实在是毫无感恩之心。

　　为了表达爱意，司汤达可谓花样百出，然而，骨子里的那份自卑却始终阻挡着他前进的脚步。他时而快乐、时而忧伤、时而轻浮、时而又冷淡。他所做的一切都无济于事，他不知道伯爵夫人对自己是否在意，甚至怀疑她会在背后会嘲笑自己的扭捏和胆怯。最后山穷水尽，他不得不向一位老朋友袒露自己的困境，并请求对方为他出谋划策。两人开始促膝长谈。这位朋友向他提出了好几个相关的问题，并记录了他回答的内容。下面我便将援引马修·约瑟夫森总结的问题答案。

　　问："勾引德·B夫人能有什么好处？"（德·B夫人是他们对达鲁伯爵夫人的称呼。）答："顺从自己的本心；获得人际社交方面的优势；进一步探索激情；满足自己的虚荣心和自尊心。"

　　另外，司汤达还在此添加了一则脚注："最佳方案便是主动出击、连续出击！"主意确实不错，但他忘了自己胆小懦弱，此路根本不通。又过了几个礼拜，司汤达应达鲁的邀请，来到了对方在巴切维尔的乡间别墅暂住，他彻夜难眠，决定在第二天早晨冒险一试。他穿上自己最好的条纹长裤，果然受到了达鲁伯爵夫人的称赞。他们在花园里散步，伯爵夫人的朋友和她的母亲、孩子则在二十码开外的后方慢悠悠地跟着。他表面上陪伯爵夫人闲庭信步，内心却极度紧张不安。他盯着远处的一个点（自称B点），下定决心并暗自赌誓：如果走到B点还不开口，就以死谢罪。他终于说了出来，抓住她的手想要深情一吻。他告诉伯爵夫人，自己爱她已经足足十八个月，一直都在极力克制，甚至避而不见，希望将这份爱意埋藏在心底，然而现在却再也无法忍受这种痛苦。伯爵夫人并没有不高兴，她心平气和地回答说只能将他视为朋友，不想背叛自己的丈夫，随即将其他人也喊了过来。司汤达输掉了他所谓的"巴切维尔之战"。我们应该也可以猜到，这件事伤的是他的虚荣心，而不是他的感情。

之后的两个月，司汤达仍然郁郁寡欢，他告假前往自己第一次游览意大利时便流连忘返的米兰。十年前，他曾在这里喜欢上一位官员的情妇吉娜·佩特拉鲁，可当时的他只是个中尉，一贫如洗，根本就没有办法引起她的注意。所以这次一来到米兰，司汤达便立刻找到了她。她的父亲经营着一家商店，而她也早已嫁给了一位政府职员。此时的她三十四岁，儿子也已经十六岁。阔别重逢，司汤达发现她"身材高挑、性感迷人，眉宇之间仍然散发着往日的雍容气质，她变得更加聪明，更加气度不凡，少了几分能够激起情欲的优雅"。她凭借丈夫微薄的薪水，就能在米兰拥有一间公寓，在远郊拥有别墅、用人、斯卡拉歌剧院的包厢和马车，当然足够聪明。

司汤达十分清楚自己相貌平平，为了弥补这一点，他刻意将自己打扮得优雅而时尚。他一直都很胖，只不过如今生活富裕，为他增添了几分贵气。他以为兜里有了钱，身上穿了好衣服，就更有机会讨到这位女士的欢心，于是便决定趁着自己在米兰的这段时间拿她消遣消遣。然而，这个女人比他想象得更难对付，甚至令他焦头烂额，直到他意欲动身前往罗马的前一天夜晚，她才同意第二天早晨在自己的公寓里与他私会。普通人可能会认为这样的暧昧来得真不是时候，然而司汤达却在日记中写道："九月二十一日十一点过半，我终于赢得了期待已久的胜利。"此外，他还将日期记录在自己的吊带裤上。这条裤子，正是他向达鲁伯爵夫人示爱那天穿过的那条。

假期结束后，他回到了巴黎。此时他不安地发现，达鲁伯爵变得异常冷淡，他目睹了这位表弟对太太的过分关注，因此刻意疏远于他。后来，拿破仑远征俄国，司汤达费了好大的功夫才说服达鲁伯爵，将自己从安逸的荣军院调到军需处服役。他紧随大军来到莫斯科，在撤退的过程中表现出镇定自若的胆识和魄力。

一天清晨，战况危急，他早早便收拾好军容，身穿一套整洁的军装，在达鲁的司令部等候命令。横渡别列津纳河时，他仍然镇定自若，不但救下了达鲁，还救下了一名受伤的军官，并将他带上自己的马车。最后，他来到柯尼斯堡，饥饿难耐，自己所有的手稿和财物也已经遗失殆尽，浑身上下只剩一套衣服。"我的顽强毅力帮助我挺了过来，"他写道，"因为我亲身目睹太多身边的人走向绝望和灭亡。"过了一个月，他便回到了巴黎。

3

1814年，拿破仑下台，司汤达也随即告别了官场。他亲口拒绝了几份重要的官职，自称宁愿海外漂泊，也不愿听命于波旁皇族；可实际上，他再次发誓忠于国王，并想尽一切办法恢复官职，直到所有努力全部落空，才怏怏离去，回到米兰。此时，他仍然衣食无忧，靠着多年的积蓄便足以住上舒适的公寓，欣赏心仪的歌剧。然而，他已经失去了往日的头衔和声誉，再也不能像以前那样肆意挥霍。吉娜十分凉薄。她告诉司汤达，自己的丈夫一听说他来了，就立刻妒火中烧，而她其他的爱慕者也受到了丈夫的猜忌。司汤达十分清楚，这个女人对自己而言已经没有利用价值，但她越是冷漠，却越能点燃自己的激情。最后，他想到一个办法来重新博取她的爱意。他凑了三千法郎，带着吉娜和她的母亲、儿子，还有一个中年银行家一同前往威尼斯。为了保全颜面，她坚持让司汤达住到另一家宾馆去，而令司汤达十分恼火的是，那位银行家总是在自己跟吉娜一起用餐时凭空出现。他用英文在日记中写道："她假装自己做出了很大的牺牲，才随我一起来到威尼斯。我真是傻到家了才会给她三千法郎，为这次的旅行买单。"十天之后，他的日记中又写道："我拥有了她……可她说起了我们的财务计划。我的幻想已经在昨天早晨彻底破灭，这样的心机扼杀了我所有的欲望，我明显感觉到自己已经变成了一个神经病。"

司汤达对此有些不满，然而1815年6月18日，也就是拿破仑兵败滑铁卢的这一天，他确实是在吉娜的温柔乡中度过的。

他们返回米兰时正值秋天。吉娜为了保护自己的名声，坚持要求司汤达住到偏僻的郊区。每当吉娜答应与他私会，司汤达便会在深夜乔装出行，一路换乘好几辆马车，防止有人尾随，然后再由一名女仆将他带入公寓。然而这位女仆却不怎么忠心，她可能刚刚跟女主人吵过架，也可能接受了贝尔的金钱贿赂，竟然语出惊人地向司汤达透露，吉娜的丈夫根本就没有心生嫉妒，而她要求严守秘密，只是不想让贝尔先生撞见自己的情敌（或者说情敌们），女仆甚至还说可以证明给他看。第二天，女仆将司汤达藏进吉娜闺房中一个小小的壁橱，透过墙上的小孔，仅仅三英尺之遥，司汤达亲身目睹了自己遭到背叛的事实。"你是不是以为，"多年后他向梅里美讲述这件事情的时候说，"我会冲出壁橱，手刃这一对奸夫淫妇？其实没有……我悄无声息地离开了幽暗的壁橱，心里想的只有这整件事情的荒唐可笑，我嘲笑自己，也嘲笑爱过的这个女人，我非常高兴，毕竟我又重获自由。"

话虽如此，但司汤达仍然感觉自己十分丢脸，他声称自己没有心思写作、思考、说话，意志消沉了十八个月。吉娜则试图挽回他的心，她出其不意地现身布雷拉画廊，跪在司汤达的面前乞求原谅。"我胸怀愚蠢的自尊，"他告诉梅里美说，"轻蔑地想要赶走她，脑海中似乎依然浮现出她追逐我的画面。她抓住我的衣服后襟不放，任由我拖拽着爬出画廊。我后悔没有原谅她，因为她那天一定深爱着我，且从未如此深爱过。"

1818年，司汤达邂逅了另一位美丽的伯爵夫人，丹布罗夫斯基，对她一见钟情。此时的司汤达已经三十六岁，而这位夫人则整整比他年轻十岁，这是他第一次倾心于贵门女子。她出生于意大利，十几岁就嫁给波兰的将军为妻，并生下两个孩子。然而没过几年，她便离家出走，带着孩子们前往瑞士。人们普遍以为，她前往瑞士，是为了投奔流亡在此的诗人乌戈·福斯克洛，然而事实却并非如此。时过境迁，她回到米兰，却发觉处境十分艰难。人们对她指指点点，并不是因为那桩红杏出墙的陈年旧事（当时的社会观念认为，情人是合理的存在），而是她竟然离开自己的丈夫，独居国外。司汤达暗恋这位太太足足五个月后，终于鼓足勇气表达了自己的心意，却立马遭到拒绝。他低三下四，写信乞求原谅，这位太太也终于不胜其烦，勉强允许他每两周来探望一次。她明确表示，司汤达的殷勤令人十分反感。司汤达却不以为然，仍旧极尽谄媚。司汤达身上有很多奇怪的特质，其中之一便是他十分介意他人的目光，因此变得敏感而多疑，最终自取其辱。有一次，伯爵夫人准备前往伏尔托拉看望两个正在读书的儿子，司汤达听闻此事，便决定一路尾随。他担心这种跟踪的行为会惹她生气，于是就戴上绿色的眼镜乔装打扮，希望自己不要被认出来。凑巧的是，他摘下眼镜，准备星夜出门漫步，却刚好与伯爵夫人正面相撞。伯爵夫人假装没有看见他，但第二天就给递了他一张纸条，她"怒斥司汤达跟踪自己来到伏尔托拉，还说他故意出没在自己每天散步的公园，令她难堪"。司汤达即刻回信，又在两天后登门拜访恳求原谅，却被伯爵夫人冷冰冰地打发离开。后来，他前往佛罗伦萨，寄出一封又一封伤心的信件，而伯爵夫人连信封都没拆开就尽数退了回来，并写下这样一段话："尊敬的先生，请您不要再来信了，我也不会再次回信。我非常尊重您……"

司汤达快快地回到米兰，却得知父亲早已撒手人寰，他还来不及伤心，就马上准备前往格勒诺布尔，办理财产继承的相关事宜。然而，律师的工作进展并不顺利，司汤达非但没有得到财产，反而发现父亲欠下了一屁股债，虽然不多，但也需要他来摆平。随后，他匆匆回到米兰，不知使了什么手段，竟说服伯爵夫人再次允许他定期探望。他再次满足了自己的虚荣心，却怎么也不肯相信，这个女人会对自己毫不关心，后来他写道："三年的亲密过后，我离开了这个女人，我们彼此相爱，可我从来没有真正拥有过她。"

1821年，奥地利警方发现司汤达和一些意大利爱国分子相交甚密，便要求他离开米兰。随后他定居巴黎，并在这里生活了九年。在此期间，他频繁出入群英荟萃的沙龙，一改往日结结巴巴的扭捏姿态，变得幽默风趣、言辞犀利。他爱和自己喜欢的人聊天，最厉害的时候能同时和八到十位客人交谈。此外，他跟许多健谈者一样，常常主导着话题的走向。司汤达喜欢制定规则，如果有人意见不统一，他便会明显表现出自己的鄙夷和不屑。为了达到语出惊人的效果，他往往肆无忌惮地出口成脏，亵渎神灵。对此，一些评论家认为，司汤达常常故作幽默，以达到哗众取宠、煽动人心的目的。司汤达则无法忍受枯燥，他认为这些人都是在吹毛求疵，摆出一副无赖的嘴脸。

定居巴黎期间，司汤达在恋爱这件事上第一次获得了感情方面的回应。德·古利亚尔伯爵夫人（原姓克莱芒蒂娜·布若）是位美人，她的丈夫忌妒成性，喜怒无常，背叛了爱情的誓言，因此二人常年分居两地。此时，她三十六岁，风韵犹存，而司汤达却已年过四十，又胖又矮。他头戴红褐色的假发，长着染色的厚重胡须，看起来十分协调。他虽然收入微薄，但也尽可能地打扮自己，维持体面。克莱芒蒂娜·德·古利亚尔深深地迷恋着司汤达的智慧和幽默，司汤达对她也颇有好感。他静待时机成熟，没多久就对她展开了猛烈的"攻势"，而她也明白自己青春已逝，便以一种近乎感恩的心态接受了他的爱意。这段恋情持续了两年之久，克莱芒蒂娜写给司汤达的信也多达两百一十五封，每一封都充满了对司汤达梦寐以求的浓情蜜意。他害怕她的丈夫雷霆大怒，因此每次都是偷偷去看她。马修·约瑟夫森的记载这样描述："他乔装打扮一番，乘马车从巴黎出发，趁着夜色，快马加鞭前往她所在的城堡，直到午夜才仓皇抵达。司汤达笔下的女主人公都颇有胆识，德·古利亚尔夫人自然也不例外。一次，两人正在私会，不速之客（可能是她的丈夫）却突然登门拜访。她赶紧带着司汤达前往地下室，将他藏匿于此，临别前还带走了通往地面的登梯，并关上了活动门。漆黑而梦幻的地下室里，司汤达正疯狂迷恋着这种偷情的刺激，他被困在里面整整三天，仿佛与世隔绝。痴心一片的克莱芒蒂娜则准备好食物，带上梯子，偷偷来到他的身边，爬上爬下毫无痕迹。为了满足司汤达的生理需要，她甚至将密闭便桶都拿了下来，然后再拿去倒掉。"司汤达后来写道："当她深夜走入地下室的时候，仿佛散发着圣洁的光辉。"然而好景不长，这段始于热烈激情的缘分，终于因同样热烈的争吵走到了尽头，克莱芒蒂娜彻底将司汤达抛诸脑后，开始另寻新欢，或许这次，她的情人会少几分苛刻，多几分情趣。

1830年，革命爆发，查理十世流亡海外，路易·菲利普正式继承王位。此时，司汤达已经花光了父亲身陨后留下的那点儿私人积蓄，继续做着成为文学大家的美梦。但他的创作还远远达不到名利双收的标准。《论爱情》出版于1822年，然而十一年间却只卖出了十七本，即便是出版于1827年的《阿尔芒斯》，在评论界和公众读者之间也反响平平。我之前提到过，司汤达曾想方设法谋求官职而不得，随着政权的更迭，他终于在里雅斯特的领事馆谋得一份差事。然而，奥地利权贵却发现了他对自由党的亲附态度，拒绝接收他入职，随后几经辗转，将他调往教皇国的契维塔韦基亚。

司汤达对这份差事并不在意，他总是不知疲倦地四处观光，一有机会，就外出游览。他行至罗马，结交了惺惺相惜的朋友。他用旅行的方式让自己分身乏术，却仍然深感无聊，寂寞难耐。五十一岁的时候，他看上了洗衣女工和领事馆职员的女儿，请求迎娶这位年轻的女子，然而却遭到了拒绝，令他十分沮丧。或许有人认为，司汤达遭到拒绝的原因是他年纪太大、品行恶劣，但实际上却是他的自由主义观念。1836年，司汤达为了获得为期三年的巴黎居留许可，曾说服部长为自己安排些小差事，并拜托他指派别人暂代自己原来的职位。此时他严重发福，极易动怒，却仍然十分讲究穿戴，走在时尚的前沿，倘若有人对他外衣剪裁或者裤子款式指指点点，那必然是对他的极大冒犯。他继续示爱，却毫无收获。他努力说服自己，认为自己还深爱着克莱芒蒂娜·德·古利亚尔，并试图与她重修旧好。然而，两人分手已十年之久，克莱芒蒂娜理智地告诉他，爱火已然熄灭，余烬无法重燃。她还告诉司汤达，他是自己的第一个朋友，也是最好的朋友，这一定是他最满意的结局。梅里美在记述中说，这件事情对他打击很大："一提到她的名字，他就变得哽咽……这是我第一次看到他哭泣。"然而他的伤心并没有持续多久，不到两个月他就完全恢复过来，转而又向另一位戈蒂尔夫人大献殷勤，再次无果而终。最后，他被迫返回契维塔韦基亚，两年后在那里患上中风。康复期间，他曾告假前往日内瓦寻医问药，之后又回到巴黎，继续往日的生活。他参加聚会，高谈阔论的兴致仍然不减当年。1842年3月，他出席了外交部举办的官方晚宴，沿街而行之时再次中风，第二天便与世长辞。他一生都在追求幸福，却从来都没有意识到，最大的幸福往往求而不得。即便你已经获得幸福，也只有在失去的那一刻才能理解它真正的含义。任何人都不太可能会说"我很幸福"，而只能说"我曾经拥有过幸福"。因为幸福不是富足的生活，也不是满足、安逸、欢愉、享受的情绪，而是这些元素的结合，是无法以偏概全的综合概念。

4

司汤达是个怪人。他特立独行，集众多相互矛盾的性格于一身，与这个世界格格不入。他既拥有莫大的美德，也拥有致命的缺陷。他心思细腻，感情丰富，才华横溢，却自信不足。他工作勤勉刻苦，危难之中亦能镇定自若，挺身而出。他待朋友很好，常常语出惊人，令人耳目一新。他的偏见荒唐可笑，目标也毫无价值，多疑的性格还常常令他落入他人的圈套。他心胸狭隘、刻薄无情、爱慕虚荣，习惯敷衍了事，喜欢自吹自擂。他贪图酒色却毫无情趣，荒淫放荡却毫无激情。然而，我们知道的这些缺点，全部都是他自己的坦言相告。司汤达并不是职业作家，也不善于舞文弄墨，但他笔耕不辍，所写的文章几乎全部与自己有关。他坚持写日记，其中大部分内容保留至今，不过显然，他写日记时根本无意将它公之于众。司汤达五十岁出头时，写过一部自传，这本书共计五百页，记录了他十七岁之前的生活，虽然未曾修订，但确实意在出版，以供后人瞻仰。他在这本书中，有时会故意抬举自己，自称做过某些根本没做过的事，但总体而言还算真实。这本书的部分内容循环往复，十分枯燥，因此读过的人很少。可大凡读过的人，几乎都会自问：假如自己对外坦诚，能否如他一般毫无保留，甚至做到更好。

司汤达去世之时，全巴黎只有两家报纸愿意刊登此事，他的葬礼，也只有包括梅里美在内的三人参加。他似乎将在人们的记忆中永远消失，却又意外地青史留名，因为他的两位挚友费尽周折，成功说服一家著名的出版公司发行了他的主要作品。著名评论家圣伯夫十分欣赏司汤达的这些作品，还专门为此写过两篇文章，然而普通民众却始终冷眼视之，认为这些内容不堪一读。圣伯夫的第一篇文章与司汤达的早期作品有关，这些作品无论在当时还是后世都无人问津；第二篇文章则包含了一些贬斥之言，虽然保留了对《罗马之旅》和《旅人札记》这两部游记的褒奖，却也大肆批判他的小说人物毫无生机、故事情节令人难以置信。巴尔扎克写过一篇赞美《帕尔马修道院》的文章，圣伯夫则始终无法苟同，他说道："我实在无法分享巴尔扎克先生对《帕尔马修道院》的热情，因为他评价贝尔先生之时，一定参考过本尊的意见，正如他希望别人对自己点评时，也能符合自己的心意一样。"此外，没过多久，他又不怀好意地说，这篇赞美乃是司汤达以三千法郎相赠或者相借的回馈，并详细描述了人们如何在他的遗稿中发现这一真相，他甚至引述法文，称这篇文章为"'声名'和'狼藉'的结合之作"。然而，圣伯夫在这一点上似乎没有立场苛责别人，因为他的那两篇文章也是拿人钱财所作，而他另外两篇与皮埃尔·达鲁有关的文章（司汤达的表兄，翻译过贺拉斯的作品，代表作是一部九卷本的威尼斯史），也是他受达鲁家人所托为表虔诚所写。

司汤达从来都没有怀疑过，自己的作品会流传后世，他认为只要有足够的耐心，等到1880年，甚至1900年，这些作品总会受到应得的赞许。许多作家都曾这样自我安慰，他们认为自己的作品虽然被当代人忽视，但终有一日会大放异彩，让后世顶礼膜拜。然而事实往往不是这样，因为后人往往生活繁忙、粗心大意，就算关注曾经的文学创作，也只会在盛极一时的佳作中寻寻觅觅，省去不用必要的麻烦。名不见经传的作家，想要在身后被人发掘，那概率简直微乎其微。拿司汤达来说，他的名气绝大程度上要仰赖一位教授的刻意抬举。这位教授曾在巴黎高等师范学校开设讲座，常常对司汤达的作品赞赏有加，他的学生们耳濡目染，自然深以为然，其中刚好有一些聪慧的学生成为后来响当当的人物。他们阅读司汤达的作品，发现其中的部分内容紧跟社会舆论的风向，与年青一代中盛行的思想不谋而合，于是便对他产生了狂热的崇拜。希波利特·泰纳则当数这些崇拜者中才华横溢的表率，时隔多年，他早已成为有影响力的文学大家，却始终难忘司汤达深刻的心理分析，于是他写下一篇长长的散文，希望读者特别关注这一点。文学评论家所说的小说家的"心理"，并不是心理学家所使用的"心理"这一术语，二者的含义甚至大不相同。根据我的个人理解，他们所指代的，是小说家对人物动机、思想和情感的强调，以及对行为的忽视。这样的强调往往会彰显出人性丑陋的一面（嫉妒、邪恶、自私、吝啬），即人性中更加堕落的一面，同时会营造出逼真的效果，毕竟我们都十分清楚内心的龌龊是多么的可憎。"要不是上帝垂怜，死的人就是约翰·布拉德福了。"自泰纳的这篇散文之后，围绕司汤达的评论便大量涌现，人们一致认为，他是19世纪法国三位伟大的小说作家之一。

　　司汤达是小说界绝无仅有的个例。伟大的小说家往往对长篇大论心存执念，巴尔扎克和狄更斯便是如此，且有过之而无不及。可以肯定的是，如果他们能够长命百岁，那他们的小说创作必然永无止境。有人认为，大幅创作的能力是小说家最基本的素养；然而司汤达似乎完全不具备这样的才能，他有可能是小说界最为标新立异的存在。司汤达年轻时梦想成为一名伟大的剧作家，但他缺乏想象力，从未构思出一部完整的戏剧。因此，当他开始写小说时，似乎也无法自行推演出一部完整的剧情。

德·杜拉斯伯爵夫人大胆取材，写过两部"因丑闻而出名"的小说。亨利·德·拉都胥则是另一位颇有名气的作家，他匿名出书，塑造了一位阳痿的主人公角色，希望人们以为这是伯爵夫人所写。我没有读过这本书，但也听说过它的一些传闻，因此据我推测，司汤达在创作他的第一部小说《阿尔芒斯》时，曾借用这部匿名之作的主题和故事情节，甚至厚颜无耻地为自己的主人公冠以相同的姓名——奥利维尔，后来才将其改为奥克塔夫。他渲染主题的方式，应该可以称为"心理现实主义"，即便如此，也无法改变这部小说拙劣的本质，因为在我看来，身患残疾、症状奇特的主角人物疯狂爱上一个年轻的女孩儿，简直匪夷所思。此外，《红与黑》的故事也并不是司汤达的原创，他密切关注的那位故事人物，实际上是一场著名审判的主角，一个真实存在的原型。

圣伯夫认为，《帕尔玛修道院》唯一值得称道的地方就是司汤达对滑铁卢之战的描写，这是他借鉴维多利亚之战一位士兵的回忆录所作。而这本书的其他部分，则取材自其他意大利旧史和各类传记。如今，小说家往往直接从外界取材，借鉴自己的生活经历或他人的传言，创作故事的情节；然而，创作并不能随心所欲，这些故事情节必须源于作者对人物的细致描写，即作者受到故事人物的启发所作。我熟知的所有一流作家，除司汤达之外，恐怕没有人能够直接从阅读中获得创作灵感。我作此评论，也并没有批评的意思，只是在陈述一个奇怪的事实。司汤达原创能力有限，然而令人意想不到的是，上帝竟然如此垂怜这位鄙夫俗子，赋予他敏锐的观察力和深刻的洞察力，准许他深入复杂多变、离奇曲折的人物内心。司汤达对自己的同胞评价很低，却又对他们充满了好奇。《旅人札记》中有一段发人深省的文字，记载了他旅经法国，准备搭乘驿站马车欣赏沿途美景，却又因百无聊赖弃车而去，转乘拥挤的公共马车，与同行之人侃侃而谈的一段往事。这部游记十分生动，如今读来依旧妙趣横生。

然而，如果只论哪些部分能够彰显司汤达独特的性格，并因此而奠定他的声明地位，那便只有《红与黑》《帕尔玛修道院》以及《论爱情》中的部分篇章。

1817年年初的某一天，司汤达正在博洛尼亚参加聚会，席间一位眉眼动人的吉拉迪夫人对他说道：

"这世间的爱可分四种：

"一、物欲之爱，野兽、蛮人和堕落的欧洲人之爱；

"二、激情之爱，即阿伯拉尔对爱洛伊斯、朱莉对圣普乐的爱；

"三、L'Amour Gout，18世纪法国人民喜闻乐见的一种爱，马里沃、坎比勇、杜克洛、德毕内夫人优雅描写过的爱；（我原封不动地写出L'Amour Gout，是因为不知该如何翻译。我认为所指代的是乍见之欢的那种喜爱，如果将它放在牛津辞典里，我宁可称之为'色欲'而不是爱）

"四、名利场中的爱，德·肖纳女公爵在准备嫁给吉尔先生时曾说：'在平民百姓眼中，女公爵永远三十岁。'"

司汤达补充说："吉拉迪夫人的社交圈子里，这种'所爱之人处处完美'的愚蠢思想，可以称作'结晶之恋'（Crystallisation）。"

这样的比喻十分精妙，司汤达自然不愿错过，然而等他真正反应过来的时候，事情已经过去了好几个月，于是他便将这一天称为"灵感迸发之日"。他是这样描述的："将一根没有叶子的树枝，丢进萨尔茨堡盐矿中废弃钻井的最深处，两三个月后再将其取出，它的表面便会覆盖闪闪发光的水晶。哪怕最小的分叉都会满覆光彩夺目的钻石，谁还能认出这就是当初的那根树枝。"

"我所说的'水晶之恋'，是指关注所爱之人身边的一切，不断发现对方优点的过程。"

所有经历过爱情的人应该都能领会其中恰到好处的深意。

5

《红与黑》和《帕尔玛修道院》相比，我认为后者更适宜阅读，圣伯夫批评这本书的故事人物毫无生气，我认为此言差矣。我承认，男主人公法布利斯和女主人公克莱利娅·昆蒂的人物形象确实模棱两可，令人难以捉摸，而且在一定程度上扮演着十分被动的角色，无法引导整个故事发展的走向；然而，莫斯卡伯爵和山瑟维日诺公爵夫人却充满生机，后者更是堪称人物塑造的典范。《红与黑》的优势则在于它更加引人入胜、匠心独具，且具有更高的文学成就。正因如此，左拉将司汤达称为自然主义流派之父，布尔热和安德烈·纪德则将他誉为心理小说的创始人，虽然这种说法可能不太准确。

司汤达的品性与大多数作家不同，无论多么猛烈的批评，他都可以坦然接受。然而更加值得一提的是，他时常会将书稿交给自己的朋友，咨询他们的意见，且无论对方给出多少修改的建议（通常很多），他都会毫不犹豫地接受。然而梅里美说，司汤达只会重写，从不修改，对此我深表怀疑。我读过司汤达的一份手稿，发现部分文字的旁边标有小叉形的符号，我想这一定是他不满意的部分，会在重温之时予以修改。

夏多布里昂曾掀起一阵辞藻华丽的创作之风，引得诸多小说作家争相模仿，然而司汤达本人却对此深恶痛绝。他说他每次动笔之前，都会阅读《拿破仑法典》来锤炼自己的语言。在《红与黑》的创作过程中，司汤达避开景色描写，极少采用隐喻，以沉着冷静、清晰透彻、自我克制的风格，放大了故事的恐怖，令整部小说更加扣人心弦。

泰纳写过一篇著名散文，其中多处提到《红与黑》这部小说，然而站在历史学家和哲学家的角度，泰纳对司汤达的主要兴趣集中在他对人物心理的敏锐观察、对人物动机的准确分析，以及他新颖而独特的观点。他以客观公允的态度指出，司汤达真正关心的，并不是故事情节本身，而是这些情节背后，人物的情感、独特性格和感情变化。因此，他极力避免以戏剧化的方式描写戏剧性的情节。为了论证这一点，泰纳引用了司汤达描写主人公行刑时的片段，并坦言道，大多数作者在描述这样的情节时，必然会事无巨细地进行论述，而司汤达的处理方式则如下所示：

"牢狱中的空气十分污浊，令于连难以忍受。好在宣布行刑的那一天，阳光明媚，万物欣盛，为于连平添了几分勇气。于连行走在阳光下，异常陶醉，好像漂泊无依的海员重新踏上了陆地。'走吧，这一切太美好了，'他对自己说，'我不缺乏勇气，一点儿也不。'

他从来没有如此诗兴大发。因为韦尔吉树林中的那些幸福记忆，正一幕幕在他的脑海中上演。所有的一切都简单、庄重，没有表现出丝毫做作。"

显然，泰纳对小说中的艺术品位没有兴趣。他之所以写下这篇文章，是为了让人们想起这位备受冷落的作家，并激起他们的兴趣，因此这篇文章并不是一篇评论性质的研究，而是一篇颂词。然而，因为泰纳的介绍，慕名前来拜读《红与黑》的读者可能会感到失望，因为作为艺术品，这部小说并不完美。

司汤达关注自己胜于关注其他人，他小说中的主人公永远都是他自己，无论《阿尔芒斯》的奥克塔夫、《帕尔玛修道院》的法布利斯，还是《吕西安·娄凡》的同名主人公（这部小说尚未完成），都是他理想中的自己。他会将自己塑造为魅力十足的情场高手，轻易获得女人的芳心，实现他想尽一切办法也几乎从未实现的美梦。他也会让自己再次实行曾经一再落败的计划，实现他机关算尽也未曾实现的目标。他笔下的自己仍然滔滔不绝，出口成章。司汤达十分聪明，他断言自己能说会道，却从来没有举例论证过这一点，因为他十分清楚，作者笔下某某人物的聪明伶俐，经过举例论证，往往达不到读者对"聪明伶俐"的预期标准。此外，他笔下的自己也同样拥有惊人的记忆力、英勇的气概、胆小怕事的懦弱、宏伟的志向、敏感的内心、精于算计的头脑、多疑的性格、无谓的虚荣、暴躁的脾性，以及卑劣不堪、忘恩负义的品行。他赋予于连最可爱的特征（也是他在自己身上发现的特点），就是他柔软的内心，即面对正义的伸张和无私的仁爱之时，感动到热泪盈眶的特质：这也间接地说明，如果不是因为生活环境，他也不至于如此卑劣不堪。

　　我说过，司汤达没有原创小说的天分，他曾经借鉴好几篇关于一场审判的新闻报道，才创作出《红与黑》的主要故事情节。这场审判曾经备受瞩目，主人公名为安托万·贝尔德，是一名神学院的学生，曾先后在米休先生和德·歌东先生的住所担任家庭教师。他企图诱奸（或成功诱奸）前者的妻子和后者的女儿，因此而丢掉了工作。他不愿浑浑噩噩，想要继续深造，成为一名牧师，却因为声名狼藉，屡遭各大神学院的拒绝。他认定自己的不幸全拜米休一家所赐，便在教堂射杀了米休夫人，而后开枪自杀。然而枪伤不足以致命，他侥幸存活却也迎来了审判，他想尽一切办法为自己开脱，最终仍然被判处死刑。

　　司汤达对这件道德败坏的丑闻十分感兴趣。他认为贝尔德的罪行是强大而叛逆的人性对社会秩序的反抗，是摆脱虚伪社会传统制约的真情流露。他非常鄙视自己的法国同胞，认为他们已经丧失了中世纪的鼎盛活力，变得墨守成规、虚荣做作、庸庸碌碌，没有个人魅力，也无法挥洒热血。然而，他或许也能理解，恐怖主义的阴霾已经烟消云散，生灵涂炭的拿破仑战争也已成为往事，如今的时代主题自然是和平与安宁。司汤达对活力的珍视超过其他一切品质，如果说他喜欢意大利，甚至超过喜欢自己的故乡，那一定是因为他相信意大利是一个“快意恩仇的国度”：男人们爱得疯狂，可以为爱而死；恨得盲目，可以一怒之下杀伐决断，活出真正的自己。所有人都毫无保留地展现各自的激情，而全然不顾由此引发的灾祸。这就是纯粹的浪漫主义，而司汤达所说的活力，显然就是大多数人口中的暴力和惩处。

"普通民众，"他写道，"尚且残存了一些活力。上层阶级简直一点儿都不剩了。"因此，《红与黑》的主人公于连是一个工人阶级的小伙子，他与悲惨的原型人物相比，脑子更灵活、意志更坚强，胆量也更大。他在司汤达的精妙手笔之下变得魅力十足，对特权阶级充满了忌妒和仇恨，充分代表了一代人的精神面貌，这种精神面貌会随着时代继续传承，直到社会阶级彻底消失，直到人性发生巨大变化，直到人们不再因为智力更高、能力更强、胆量更大之人独享特权，而变得愤世嫉俗。司汤达初次向我们介绍于连时是这样描述的："他是个十八九岁的瘦小青年，看起来羸弱，面部的轮廓也不大周正，然而五官清秀，长着一个鹰钩鼻子。黢黑明亮的双眼，时而深邃寂静，陷入沉思，时而熠熠闪烁，怒火中烧。深褐色的头发垂得很低，遮住了大半个额头，发怒的时候凶相毕露……他的身材修长而匀称，看起来身轻如燕，却不甚强壮。"这一描述并没有多大的魅力，却也恰到好处，因为它没有引导读者对于连产生好感。我说过，小说的主人公必须自然而然地令读者产生共鸣之情，这是小说创作的基本原则。因此在小说开头，司汤达必须小心翼翼地描述这位反面主角，一方面不能让读者对于连产生过度的同情，另一方面要激起读者对于连的兴趣。他不敢将主人公描述得过分可憎，因此不断提及他漂亮的双眼、优雅的身躯和纤细的双手，希望以此美化读者对于连的第一印象。有时，他甚至会将主人公描述成乐观积极的美少年，却仍然不忘时不时地提醒读者，这位美少年常常会令朋友不安，并遭受着所有人的猜忌，当然，那些本就有充分理由提防他的人除外。

雷纳尔夫人，即于连雇主家的女主人、学生们的母亲，是个难以刻画、却被司汤达刻画得非常出色的形象。她是个善良的女人，大多数小说家曾试图塑造这样一个人物，却都不可避免地塑造出一个傻瓜的形象。大概是因为善良的方式只有一种，而邪恶的手段却五花八门，所以作家们表现后者时往往拥有更大的发挥空间。德·雷纳尔夫人魅力四射，善良而真诚，她对于连的爱意随着恐惧和犹豫，变得越来越强烈，最终转化为火热的激情，作者对这段故事的讲述可谓十分娴熟。她是这部小说动人的角色之一，于连认为她是自己的囊中之物，他下定决心，要在某一天夜晚紧紧拉住她的手，否则就结束自己的生命。就像司汤达穿上最好的裤子，也曾经暗自发誓：如果走到某一点，自己还不向达鲁伯爵夫人表白，就以死谢罪。于连引诱德·雷纳尔夫人的初衷，并不是真正的爱情，而是他想要报复对方所属的阶级，并满足自己的虚荣心。然而得手之后，他却动了真情，卑鄙的本性也暂时受到压制。他第一次尝到幸福的滋味，令人心生恻隐，却因为德·雷纳尔夫人的轻率而深陷流言，于是被迫选择进入神学院进修。我认为这部小说有两部分写得极好，甚至都无须怀疑内容的真实与否，它们分别是于连在雷纳尔家以及神学院的生活。然而当场景转换到巴黎的时候，我便开始产生怀疑。于连完成神学院的学业之后，便在院长的安排下担任德·拉莫尔侯爵的秘书，一跃进入首都最上流的贵族圈。司汤达对这部分画面的描绘疑点重重，因为他本人从未涉足上流社会，也从来没有见过出身高贵之人，所以并不知道贵族阶级的礼仪规制，只对革命与帝国时代登上舞台的资产阶级有所了解。司汤达骨子里是个现实主义者，尽管他十分欣赏18世纪文学的理性观念与儒雅文化，但仍然无法摆脱浪漫主义时代精神的影响。我之前提到，他非常向往意大利文艺复兴时期的快意恩仇，向往那种不知悔恨和顾忌为何物的率性生活，以及人们为了实现壮志、满足欲望、一雪前耻，可以不择手段的杀伐社会。同时，他也十分欣赏人们的饱满活力，欣赏他们不计后果、藐视传统、为自由而活的时代精神。正因如此，《红与黑》的后半部分才显得不够完美。读者必须学会接受无法容忍的不可能事件，并对那些毫无意义的章节心生好奇，才能完完整整地读完这部著作。

德·拉莫尔侯爵的女儿名为玛蒂尔德，她天生丽质，却十分自大，任意妄为。祖辈们曾分别效忠于查理九世和路易十三，以生命之险力争上游，赢取皇家犒赏，因此她仗着高贵的血统自视甚高，为自己的家族感到无比自豪。巧合的是，她与司汤达一样，十分重视"活力"这一品质，鄙视那些资质平平，还要苦苦追求自己的年轻贵族。埃米尔·法盖写过一篇趣味十足的文章，称司汤达列出的爱之种类并不全面，遗漏了L'Amour de Tête。这种爱情源于想象，因幻想的滋养慢慢生长，而后因性高潮的到来而枯竭至死。这种感觉悄然袭击了德·拉莫尔小姐，令她不知不觉间爱上了父亲的秘书，司汤达则分为好几个阶段，以极其精妙的手法叙述了这段感情经历。她喜欢于连，喜欢他贫微的出身、鄙视贵族的态度以及那颗与自己相同的自尊心，她喜欢他的骄傲、野心、无情、任性、堕落，同时也迷恋自己对他的恐惧。

玛蒂尔德的内心挣扎良久，最终决定勇敢表达自己的爱意。于是她写了一张纸条递给于连，邀请对方趁众人酣睡之时顺着梯子爬进自己的房间。可事实上，就算他走楼梯上去，也完全可以做到悄无声息，而她如此要求，或许意在试探对方的胆量。想到克莱芒蒂娜·德·古利亚尔曾顺着梯子爬进自己藏身的地下室，司汤达便觉得浪漫非常。所以，于连便在前往巴黎的途中，驻足维里埃尔的德·雷纳尔夫人家，深更半夜顺着梯子爬进她了的房间。而司汤达或许也已经发现，在同一部小说中故技重施，进入女子的闺房实在令人难堪，因此也自嘲着说："我注定要与这梯子结下不解之缘。"然而无论怎样的自嘲，都难以掩盖司汤达创造力有限的事实。诱奸事件之后的故事也同样精彩，这对自以为是、喜怒无常的伴侣，不知是因为爱到痴迷，还是恶到疯狂，竟都想征服对方，于是便想方设法开始惹对方生气，不断彼此伤害。最终，于连技高一筹，他用一些老掉牙的手段彻底征服了这位高傲的女子。没过多久，女子发觉自己身怀有孕，便告诉父亲，想与自己的恋人结为夫妇，父亲也只能勉强答应。然而，正当于连马上就要实现自己的夙愿之时，他却犯了一个愚蠢的错误，以致他所有的虚伪、权术和自我克制全部付诸东流。而自此，整个故事便开始变得破碎不堪。

司汤达告诉我们，于连聪明伶俐，十分狡猾，他为了向未来的岳父毛遂自荐，甚至要求对方写信给雷纳尔夫人，询问自己的人品。他十分清楚，雷纳尔夫人对自己的罪孽懊悔不已，她可能和全天下的女人一样，会因为自己的软弱，将责任全部推卸给他。同时他也清楚，这个女人深深地爱着自己，或许不希望他和另一个女人结婚。于是，她依照忏悔神父的指导，写信告诉那位侯爵：于连最擅长插足别人的家庭，破坏别人的幸福，而他唯一的目的，便是假装漠不关心，然后逐渐掌控一家之主，窃其财产。她说他道貌岸然，是个邪恶的骗子。

　　然而无论哪一项指控，她都说不出具体的缘由。司汤达似乎没能注意到，读者虽然知道于连确实是这种人，但雷纳尔夫人却对此一无所知，她只知道于连尽职尽责地履行了家庭教师的本分，并赢得了孩子们的喜爱。她也知道于连深爱着自己，最后一次相见之时，还冒着失去工作和生命的危险，陪伴了自己好长时间。雷纳尔夫人明辨是非，无惧忏悔神父的任何压力，因此我们有理由怀疑，或许她根本写不出这种话来。但无论如何，德·拉莫尔侯爵还是收到了这封信，并在阅读之后大惊失色，坚决反对这桩婚事。为什么于连不否认这封信的内容？为什么他不说这只是一个妒火中烧的女人歇斯底里的报复呢？我想他或许借此承认了自己与雷纳尔夫人的关系，然而这位夫人已经年过三十，于连年方十九，难道她勾引他的可能性不是更大一些吗？我们都知道事实并非如此，但这样的可能性明显更为合理。德·拉莫尔侯爵久经世故，经常习惯性地做出最坏的打算，对同胞手足的邪恶内心十分敏感。他愤世嫉俗，认为无风不起浪；心胸宽广，能够包容他人的敏感和脆弱。我们甚至都能想到，如果他听闻自己的秘书曾经爱上社会地位低下的乡绅之妻，必然会在震惊之余，感到莫名的可笑。

　　可无论如何，于连始终处于优势地位。德·拉莫尔侯爵在精锐部队中为他安排了一份差事，还给了他一处收益颇丰的地产。玛蒂尔德拒绝堕胎，她已情根深种，无论结婚与否都一心要和于连共同生活。而此时，于连只要向侯爵说明状况，便可强迫对方让步。我们从小说开篇就可以得知，于连拥有惊人的自我克制能力，从来不会受到热情、妒忌、憎恨、骄傲等情绪的影响，他与司汤达一样，性欲强烈，更确切地说，是满足虚荣心的愿望十分强烈。然而面对危急，他的反应却让他走向灭亡，他一反常态，最需要克制自己的时候，却表现得像一个傻瓜。他读罢雷纳尔夫人的信，拿上手枪，驱车前往维里埃尔，开枪射杀她，这一枪并没有将她打死，但也令她身负重伤。

这一不可理喻的行为令众多评论家百思不得其解，他们也曾努力寻找适当的理由。有人认为，夸张的结局（主人公最好不幸而亡）是当时小说创作的潮流。然而，如果这真是一种潮流，那么司汤达必然会刻意避开这种结局，毕竟他向来不走寻常之路。另一些人则认为，其原因可能要追溯到他对暴力犯罪（司汤达眼中"活力"的最高表现形式）的狂热崇拜。我觉得这种解释也不太可能。司汤达确实曾将贝尔德的骇人行径视为"优雅的犯罪"，可是难道他不能看出，于连和可悲的敲诈者之间相差甚远吗？维里埃尔与巴黎之间相距二百五十英里，因此即便他昼夜不歇，每站换马，也要花上两天才能抵达。而这两天，也足以令怨恨消减，理智回归了。如此一来，司汤达笔下这个活灵活现的人物就该回过头来，趁着德·拉莫尔侯爵已经知道玛蒂尔德身怀有孕的事实，强迫他对这一桩婚事点头。

那么，究竟是什么让司汤达犯下如此怪异的错误，以致所有读者都认为这是全书的一大败笔呢？显然，司汤达不会让于连的阴谋得逞，也不会让他在实现野心，并倚仗玛蒂尔德和德·拉莫尔侯爵的情况下，赢得地位、权力和财产。若非如此，《红与黑》恐怕就像巴尔扎克后来叙述拉斯蒂涅崛起的众多小说一样，是另一个迥然不同的故事了。因此死亡是于连的唯一归宿。巴尔扎克凭借惊人的创造力，似乎已经为《红与黑》想到了另一种合理且能够为读者所接受的结局；然而我相信，司汤达绝不会以其他任何方式结尾，因为他所描述的事实拥有一种神奇的迷惑效果，令他难以清醒。他密切关注着安托万·贝尔德的命运，感受到一种续写故事的强烈冲动，他想要反抗一切现实的条件，引导故事走向悲惨的结局。上帝、天命、机会，无论你怎么称呼这种主宰人类命运的神秘力量，它都是不合格的故事讲述者。而小说家的工作和权力，就是纠正各种不可能因素，还原事实的残酷真相。司汤达无法做到这一点，这不得不说是一大憾事。但我在前面也已经说过，天下没有完美的小说，一方面是因为小说这种载体本身存在着局限性，另一方面则是因为作家存在的各种缺陷。虽说《红与黑》存在着严重的缺陷，但它依然是一部伟大的小说，能够让读者享受到独一无二的阅读体验。

天选之才的巴尔扎克
和最能体现其精神思想的《高老头》

1

　　小说巨匠们用自己的作品构成了世界文学宝库的永恒财富，而这些巨匠之中，我认为巴尔扎克是最伟大的，他是我心目中唯一的天才。现如今，"天才"似乎随处可见，可如果我们以更加理智的观点来看待那些冠以天才之名的人，恐怕也只能用"人才"来形容他们。"天才"与"人才"一字之差，含义却迥然不同。许多人才华横溢，可称为"人才"；然而"天才"却百年一遇，十分稀奇。"人才"熟而生巧，可以后天培养；"天才"则是天选之才，能力与生俱来。奇怪的是，天才往往存在着严重的缺陷。那么到底什么才是"天才"呢？牛津辞典解释说，天才"是一种高等形式的思维能力，拥有这种思维能力的人往往拥有更高的艺术鉴赏与创造水平，亦是（一种）本能的、超乎寻常的想象力、创造力、创新和观察能力"。巴尔扎克则刚好具备这种本能的、超乎寻常的想象力和创造力。他不像司汤达，是一个半现实主义者；也不像《包法利夫人》的作者福楼拜，信奉完全的现实主义；他是浪漫主义的践行者，他看待生活的方式深受时代观念的影响，颇具浪漫主义色彩。

有些作家声名显赫，其代表作品也不过一两部。这是因为，虽然他们的作品不胜枚举，却只有吉光片羽能够经受时间的考验，散发出经久不衰的魅力，普雷沃的《曼侬·莱斯科》便是如此。另有一些作者，他们受到特殊经历或独特性格的启发，意外获得绝妙的创作灵感，然而落笔成文却长而不精，读来十分沉重。他们的观点只能表达一次，如果重复表述，便会显得画蛇添足，或者毫无意义。巴尔扎克产量惊人，他的作品也参差不齐。我们可以理解，对于《高老头》这样一部鸿篇巨制，他不可能始终都发挥出最高水平。

文学评论家们对待作家的高产往往侧目而视，我不赞成他们的态度，而马修·阿诺德甚至将其视为天才的一大特点。他说他之所以对华兹华斯印象深刻、顶礼膜拜，全因他产量惊人、著作等身，即便所有的平庸之作销声匿迹，他也难以抑制自己的崇拜之情。接着他还说："如果只挑每位诗人的一部或几部作品进行比较的话，我不敢说华兹华斯的水平高于格雷、彭斯、科勒律治或者济慈。……因为我认为他的过人之处在于，他能写出更多有影响力的著作来。"巴尔扎克从来没有写出《战争与和平》这样波澜壮阔的史诗之作、《卡拉马佐夫兄弟》这样震撼人心的悲情故事，或是《傲慢与偏见》这样独具一格的魅力佳作：他的伟大之处不在于某一部作品，而在于他令人钦佩的巨大产量。

巴尔扎克涉猎广泛，他的知识领域囊括时代生活的方方面面，祖国山河的各个角落。他对人的见解十分独到，虽然有些方面也不怎么准确。他对社会中产阶级——医生、律师、职员、记者、店主、乡村牧师的描述，相比上流社会、城市工人群体和农耕者群体的描述而言，更加客观真实。他和全天下的小说家一样，更擅长言恶，而不是言善。他拥有惊人的创新和创作才能，就像一股自然的力量、一条浩浩荡荡的大河，水漫堤岸、横扫而过；亦像一阵狂野的飓风，劲吹宁静的村庄和繁华的都市。

巴尔扎克就像一位描绘社会风情的画家。他拥有独特的天赋，不仅能像所有小说家一样（纯粹写冒险故事的作家除外），根据人物彼此之间的联系，构思出他们各自的形象，而且能根据这些人物与社会的联系，令他们的形象更加丰满。大多数小说家在创作时，都会选取两到三个人物为一组，将他们置于"玻璃橱窗"之中，以旁观者的视角描述他们的生活。如此一来，故事的戏剧性效果便会更加强烈，然而同时又会显得虚假作假。生活不是一个人的独角戏，所有人都同时生活在自己和他人的世界当中：人们在自己的生活中扮演主角，在他人的生活中则扮演着微不足道、偶尔重要的角色。

有人认为，去理发店理发这件事稀松平常、无关紧要，然而理发时不经意间的一席话，可能会改变理发师的一生。巴尔扎克正是通过这些故事背后的深意，生动形象地向我们呈现出生活的变化无常、困顿迷茫和矛盾对立，向我们传达"微末起因可能会导致重大结果"这样的人生哲学。经济学在我们日常生活中占据着无与伦比的重要性，我相信巴尔扎克一定是率先意识到这一点的小说家。他认为金钱不仅是万恶之源，还是人类行为的主要推动力，因为人们对金钱的喜爱和渴望永无止境。

值得铭记的是，巴尔扎克信奉浪漫主义。而浪漫主义源于古典主义，与后者相互对立，如今，我们称之为现实主义的对立面则更为恰当。现实主义者信奉决定论，他们叙事往往是为了营造逻辑严谨的逼真效果，他们的观察方式属于自然主义的范畴。浪漫主义者则认为日常生活单调乏味，因此想尽办法跳脱现实世界，利用天马行空的幻想，描述奇遇和冒险。他们的目的是出人意料，哪怕内容不切实际也毫不在乎。浪漫主义者塑造的人物情感强烈、思想极端，欲望无穷无尽。他们鄙视自我克制，并将其视为沉闷的中产阶级价值观，他们全心全意地信奉帕斯卡的名言"感情的道理，理性也难以理解"，欣赏他为了财富和权力愿意牺牲一切、毫不动摇的意志。这样的生活态度非常适合巴尔扎克活力旺盛的脾性，毫不夸张地说，即使浪漫主义不曾存在，他也会创造出浪漫主义。他观察万物细致入微、清晰准确，并在此基础上发挥出无穷的想象力。他一直都认为，每个人的内心都拥有一种起到主导作用的热情。这样的观点影响深远，以致广大小说家都会为自己塑造的人物赋予一种戏剧性的精神力量，令人物的性格更加鲜明生动。如此一来，读者只需要通过守财奴、好色鬼、悍妇或者圣人等一系列的标签便足以了解整个人物。如今，我们通过阅读大量小说作品，探索各类小说人物的内心世界，基本上已经不再认为"天下人物都是千篇一律"。我们都知道，这些人物的构成元素相互矛盾，且看似无法协调，然而也正是这些无法协调的元素深深吸引着我们，令我们感同身受。巴尔扎克借鉴前辈作家的人物塑造方式，通过人物的性格塑造出了最伟大的角色。这些人物内心中起着主导作用的热情深刻影响着人物本身，令其他情感黯然失色，变得微不足道。

这种热情经历人格化的过程，赋予人物强大的力量、丰富的内涵、与众不同的特色，即使他们无法获得你的信任，也定会让你过目不忘。

2

三十岁出头的巴尔扎克已经功成名就，此时如果偶遇，你将见到这样一个人：四肢粗短、体格健壮、双肩有力、胸膛宽厚，完全不会让人觉得矮小，公牛般的脖子非常白皙，与赤红的面容形成鲜明的对比，厚厚的嘴唇红得醒目，永远带着微笑。他牙齿不好，颜色泛黄，鼻子方方正正，鼻孔也又宽又大。他曾在大卫·当热为他塑造半身像时说道："注意我的鼻子！我的鼻子能装下整个世界！"他眉宇间散发着贵族气质，乌黑浓密的头发梳在脑后，好似一只威严的雄狮。他褐色的双瞳炯炯有神，明亮动人，时不时泛出点点金光。然而，他的五官分布却不怎么均匀，导致形象略显粗鄙，整体而言，倒也无伤大雅。他神情欢快，给人留下温柔善良、率真活泼的印象。拉马丁曾这样描述巴尔扎克："他的善良，不是那种心不在焉、漫不经心的善良，而是一种真挚、聪慧、令人着迷的善良，总是能让人心怀感激，无法抗拒对他的喜爱。"他充满活力，能够感染身边的每一个人，令他们心情畅快。他的双手圆润白皙、小巧玲珑，指尖色泽如玫瑰点缀，令人过目难忘。他对自己漂亮的双手十分满意，认为这完全就是一双主教的手。如果你们在白天相遇，你会发现他身穿破破烂烂的外套，裤子沾满泥巴，皮鞋暗淡无光，帽子也老旧不堪。然而夜幕降临，亮相派对，他又会一身光鲜，穿着金色纽扣的蓝色外衣、黑色长裤、白色马甲、黑色网眼丝袜、高级皮鞋和精致亚麻黄色手套，气派十足。他的衣服从来都不合身，拉马丁说过，他就像一个还处在发育期的青少年，没过多久就会因为生长迅速把衣服都撑破。

当代的人们一致认为，巴尔扎克天真善良、和蔼可亲。乔治·桑写道："他情真意切、谦虚有度，时而自吹自擂，略显张狂。性格开朗、自信善良，时而又行踪飘忽，略显疯迷。他嗜酒成性，对待工作过分热情，对待感情沉着冷静。他既脚踏实地，又异想天开。既轻信人言，又满腹怀疑。既性格执拗，又扑朔迷离。他并不健谈，思维也不敏捷，面对问题更无法对答如流。与人交谈时，既不会引经据典，也不会暗含讽刺，可自言自语时，却常常慷慨激昂、颇具魅力。他常常话没到嘴边就开始哈哈大笑，无论是他说的话，还是他的样子，都会逗得在场所有人接连捧腹。"安德烈·比利说过，巴尔扎克简直就是"幽默"的代名词。

安德烈·比利曾为巴尔扎克作传，记录了他鼎盛时期的生活。这部传记质量上乘，令人钦佩，我即将向读者传递的信息也正是源于此。巴尔扎克本名巴尔萨，祖辈在农场和纺织工厂务工。父亲的第一份工作是律师助理，大革命后飞黄腾达，改姓巴尔扎克。他五十一岁时迎娶了一位布商的女儿，这位布商曾依靠政府合约，一度赚得家财万贯。1799年，他凭借岳父的关系（岳父时任巴黎医院总管，具体经历不详）担任图尔当地一家医院的管事，在此诞下长子奥诺雷（共四个孩子）。奥诺雷顽劣不堪，是个麻烦不断的问题少年。1814年年末，父亲受任承办某军方部门的伙食，举家迁往巴黎。此时，奥诺雷接受父母的安排，参加考试，顺利进入了古约奈特的律师事务所。他表现不佳，某天早晨首席办事员甚至亲自发消息告诉他："尊敬的巴尔扎克先生，您今天不必来事务所了，因为今天的工作实在过于繁重。"1819年，父亲领取养老金退休，决定到乡下颐养天年，最终定居莫城途中的一个小镇——维勒帕里西斯。奥诺雷则继续留在巴黎，继续积累实践经验，以便将来继承父母好友的衣钵。

可奥诺雷宁死不从，他一心只想成为作家。经历一番激烈的争吵，既严厉又现实的母亲仍然坚决反对，而此时父亲却做出了让步，答应给他一次机会。他们最终决定给他两年的时间，让他自谋生路。于是，他以六十法郎的年租金租下了一间阁楼，在此安置了一张桌子、两把椅子、一张床、一个衣柜，以及一个用作蜡烛架的空瓶子。此时他二十岁，终于走出家门，获得了自由。

作为一名胸怀大志的少年，他写作生涯的第一步便是写一部悲剧。他漂泊在外，一心钻研创作，直到妹妹结婚前夕才回到家中，还将随身携带的剧本念给一家人和几个朋友听。此剧一出，所有人都一致认为，它一无是处。后来，他心有不甘，又将该剧本送到了一位教授手中，而这位教授的结论是：只要不从事写作，巴尔扎克样样都行。心灰意冷的巴尔扎克回到了巴黎，他下定决心：既然自己无法成为悲剧诗人，那么应该可以做一名小说家。于是，他从沃尔特·司各特、安·拉德克利夫和马图林的作品中寻求灵感，接连完成了两三部小说。可父母依旧认为，这又是一次失败的尝试，还要求他乘坐第一趟驿站马车即刻返回维勒帕里西斯。不久，巴尔扎克在拉丁区结识的一位职业写手前来拜访，提出了两人合作一部小说的建议。之后，他便备受启发，开始创作一系列以营利为目的劣质作品。他时而单独创作，时而与这位友人一起合作，用过的笔名可以说不计其数。1821年到1824年，巴尔扎克的产量十分惊人，没有人清楚他到底写过多少本书。而根据权威人士的猜测，他的作品或许多达五十本。除乔治·森茨伯里之外，我想应该没有人会逐一阅读这些作品，毕竟乔治本人也曾承认，他阅读这些小说时劳心劳力，苦不堪言。这些小说多为历史题材，意在借助沃尔特·司各特如日中天的影响力，大赚一笔，虽说质量不佳，却也并非一无是处，至少教会巴尔扎克如何快速吸引读者的注意力，如何利用读者公认的重要话题（情、金钱、荣誉和生命）实现小说的商业价值。或许巴尔扎克也能想到，如果想要吸引读者，就必须关注"激情"。激情或许无聊、琐细、做作，却也能在情到浓时彰显恢宏的气势，令人心潮澎湃。

巴尔扎克胸怀大志，他回到家中，潜心创作，并在此期间结识了邻居——德伯尔尼夫人。德伯尔尼是德国音乐家的女儿，曾服侍玛丽·安托瓦奈特及其女仆。她四十五岁，与疾病缠身、爱发牢骚的丈夫育有六子，与情人另生有一子。起初，她只是巴尔扎克的朋友，后来才逐渐发展为情人，全心全意地爱着他。这份爱情旷日持久，直到德伯尔尼十四年后撒手人寰才烟消云散。两人之间的关系非常奇怪。巴尔扎克对德伯尔尼的爱情具备双重属性，他一方面视她为情人，对她推心置腹；另一方面又视她如母亲，表现出了自己从来没有对亲生母亲表现出的关爱。巴尔扎克认为，这个女人既是情人，又是知己，因为她总是有求必应，毫无保留地分享自己的意见，给予他无私的鼓励和关爱。后来，这桩风流韵事不胫而走，遍传乡里，引得巴尔扎克夫人忧心不已，她极力反对自己的儿子跟一个年纪足为人母的女人纠缠不清，毕竟他的小说还没有什么名气，收入不甚可观。朋友建议巴尔扎克去做生意，而他似乎也正有此意。于是，他从德伯尔尼夫人那里借了四万五千法郎，又找了几位合伙人，共同做起了出版、印刷和铸字的生意。可他铺张浪费，还将购买珠宝、定制服装和鞋子、浣洗衣物这样的个人支出纳入公司账务，实在不是一块做生意的材料。这样的情况持续了三年，最终导致公司破产，而母亲又不得不自掏腰包，为他还清了五万法郎的欠款。

巴尔扎克的生活极度依赖金钱，因此我们有必要考察这笔钱的总额到底多少。五万法郎约等于两千英镑，而彼时两千英镑的价值，远超今天的两千英镑。二者间的差距究竟多大，三言两语很难说得清楚，最好的衡量方法，便是考察固定数额的法郎都能够做哪些事情。拉斯蒂涅属于绅士阶层，全家六口居住外省，生活节俭，年收入三千法郎，依照社会地位来说已算体面。他们送大儿子欧仁前往巴黎研读法律之时，在伏盖太太的膳食公寓租了一间房子，每月支付四十五法郎的食宿费。这里的伙食以美味著称，因此几位年轻人虽然居住在外，却仍然愿意每月支付三十法郎到此就餐。如今伏盖太太这种级别的住宅，食宿费每月至少也需要三万五千法郎。因此，巴尔扎克母亲拿出的五万法郎，如今看来算是一笔巨款。

巴尔扎克遭受沉重打击，却也因祸得福，掌握许多非比寻常的商业知识，为他后来的小说创作奠定了实用的基础。

经历挫败之后，三十岁的巴尔扎克前往布列塔尼与朋友同住，在此获得了一部小说的素材。这部小说名为《朱安党人》，是巴尔扎克的第一部严肃小说，也是他首次署以真名的作品。此时，他奋发图强，开始经营自己的终身事业，历经二十一个春秋，才与世长辞。巴尔扎克笔耕不辍，每年都可以完成一两部长篇小说、十几部中短篇小说，数量之多简直令人惊叹。除此之外，他还大量创作戏剧，虽然部分作品始终没有为世人所接受（即便暂时为世人所接受，也都以失败而告终），但也留下了一部可以称为佳作的戏剧。他多次创办报纸，虽然时间不长，但事事亲力亲为，毫不懈怠。巴尔扎克的生活十分规律，他心无杂念，晚饭过后便上床睡觉，叮嘱用人凌晨一点唤他起床。起床之后，则会披上洁白无瑕的长袍，以光鲜亮丽、一尘不染的最佳状态，喝几杯黑咖啡提神，然后才拿起乌鸦羽翼制成的毛笔，开始在烛光下写作。七点钟，他会按照惯例停笔、沐浴，躺下休息。八九点钟，待出版商送来校样或者取走手稿之后，便继续开始工作；直到正午，吃几颗水煮蛋，喝几口水，饮几杯咖啡，再次投入工作；直到下午六点，才就着沃莱白葡萄酒吃一点儿东西，算是晚餐。偶尔朋友突然造访时，他便会停下笔来与客人短暂交谈，随后再上床睡觉。巴尔扎克私下里饮食有度，然而朋友相伴在侧时，却又狼吞虎咽，毫不节制。他的合作出版商声称，他曾在席间看到巴尔扎克贪婪地吞下一百个牡蛎、十二个炸肉饼、一只鸭子、一对鹌鹑、一条舌鳎、一堆糖果，还有十几只梨。难怪他这么快就变得肥头大耳、大腹便便。加瓦尔尼说他吃饭的样子像一头肥猪。巴尔扎克的吃相确实难看：他喜欢用刀，不愿用叉，这倒也没什么，毕竟路易十四也是如此，可他偏偏习惯用餐巾擤鼻涕，实在令人作呕。

巴尔扎克喜欢做笔记。无论走到哪里，他都会随身携带笔记本，记录他自认为有用的见闻和转瞬即逝的灵感。只要条件允许，他便会亲自参观小说故事发生的地点，有时甚至跋山涉水，只为亲见自己想要描写的一条街道或一处住宅。为角色选名时，他的态度十分谨慎，因为他认为角色的名字应该与角色本身的性格、外表互相吻合。然而，他的作品一出，便会遭到无尽的诋毁和蔑视。乔治·森茨伯里认为，巴尔扎克迫于生计，急于求成，因此这数十年来的创作均为滥竽充数的劣质文章。我无法与之苟同。巴尔扎克是个俗人，他的文章俗不可耐、冗长啰唆，经常漏洞百出，然而这样的庸俗特质不也是天才的一种表现形式吗？同时代的著名评论家埃米尔·法盖研究过巴尔扎克的著作，他专门拿出一个完整的章节，探讨了这位作家在品位、风格方面的缺陷，强烈批评了他在句法、语言方面的谬误，试图令他知耻而蒙羞。而其中的部分错误，即便是法语初学者也完全可以看得出来，实在过于明显。巴尔扎克始终无法感受母语的优雅，因此他从来都没有想到，散文竟然也能够以另一种方式表现出韵文般的优雅气质。可即便如此，巴尔扎克也曾有活力鼎盛之时，众多简明扼要、发人深省的格言警句，零零散散地穿插在他的小说作品之中，无论其内容还是形式，都足以媲美拉罗什福科的箴言。

巴尔扎克开始写作时，往往不知道应该从何写起。完成草稿后，他常常会不停地进行修改，最后才将面目全非的手稿交予印刷公司。等到印刷公司返还校对版之后，他又会不断地添加词汇、句子、段落，乃至章节，力求充实作品的内容。然后，他会再次替换、修改一大批内容，将完善后的校对本再次交予印刷公司进行排版。待印刷公司返回无可挑剔的终稿之时，他还会重新思考，修改更多的内容，一番妥善处理后才同意出版，且往往会提出允许自己在出版后进一步修改的条件。这样的出版过程成本实在高昂，导致他与出版商常年争吵不休。

巴尔扎克和编辑们之间的故事，实在冗长乏味、令人不齿，我会尽量三言两语将其概括。巴尔扎克毫无道德底线，他经常预收稿酬，拍着胸脯保证按时交稿；可只要另一个快速赚钱的机会出现，他就会立刻放弃手头紧急的工作，将没有完成的小说或短篇交给另一个编辑或出版商完成。因此，他经常违约，欠下大笔大笔的诉讼费和赔偿金，负债只增不减。然而，只要成功签约出版合同（有时根本没人找他），他就会立马搬进富丽堂皇的宽敞公寓，购置一辆篷顶马车和两匹良驹。他为自己雇了马夫、厨子和男佣各一名，买了一些衣物，为马夫配备了一套专用的制服，还买了好多金属亮片，用来装饰一枚根本不属于自己的盾形徽章。这枚徽章的原主人是名为巴尔扎克·德·昂特拉格的古老家族，因此，他也为自己的名字添de这个小品词，意图让他人相信自己也是贵族出身。巴尔扎克为了维持这份体面，曾不断地向妹妹、朋友、出版商借钱，不断地签署账单。他虽负债累累，却仍然照买不误——珠宝、陶瓷、橱柜、龟甲、画、雕塑，样样名贵。他用摩洛哥羔皮装帧自己的书籍，用绿宝石点缀自己的手杖，一次兴办晚宴，他甚至还更换了所有的餐厅设施和装潢，好不阔绰。然而，骄奢的生活难免会有些不愉快的小插曲，债主催债之时，他也会将这些财产一一典当，因此时不时会有当铺主前来没收家具，然后公开拍卖。巴尔扎克的奢靡之症已经无药可救，直到晚年，他依然麻木不仁、挥霍无度。他既是一名寡廉鲜耻的债务人，也是一位才华横溢、令人钦佩的作家，因此，朋友们似乎并不介意施以援手，展现自己对天才的慷慨。女人天生不愿意借钱给别人，但她们其实面冷心热，很好说话，巴尔扎克似乎发现了这一点，所以他向女人借钱时，往往毫无顾虑、直奔主题。

值得铭记的是，巴尔扎克的母亲曾经忍痛割爱，利用自己的部分财产，帮助儿子解决了破产危机，两个女儿的嫁妆也花费了她不少的积蓄，最后，她唯一的财产就只剩巴黎的住宅。某天，她终于发现自己食不果腹，迫切需要钱，于是就给儿子写了一封信，安德烈·比利曾在初版《巴尔扎克传》引用这封信的内容，我将其翻译如下："儿子，你上一次来信的时间是1834年12月。你承诺过，1835年4月1日起，每个季度要给我两百法郎，用以支付房租和女佣的薪水。你如今声名远扬，享受着荣华富贵，我却生活拮据，每天寝食难安；你的奢侈远近闻名，我的处境却步履维艰，简直天差地别。我想，你应该知道这份承诺是在偿还我的恩情。现在是1837年4月，也就是说，你已经拖欠两年的补偿，共计一千六百法郎。而你去年12月给我的那五百法郎，不过是粗暴的施舍，算不得数。奥诺雷，两年以来，我的生活就像一场永不间断的噩梦。我知道你没有能力帮我，但我抵押房子借来的钱已经贬值，我所有值钱的东西也都已经典当出去。我已经失去所有的经济来源，只能向你开口：'儿子，给点儿钱吧。'几个星期以来，多亏那位善良的女婿，我才有口饭吃，可是奥诺雷，我不能总是依靠外人：你似乎有能力为价格高昂的长途旅行买单，殊不知这既浪费你的钱财，又损害你的声誉。因为你经常放纵享受，无法履行合同，导致每次旅行归来，都名利俱损。每次想到这些，我都心痛不已！儿子，既然你能供得起……情妇、镶嵌珠宝的手杖、戒指、银器、家具，那么母亲要求你履行自己的承诺，应该没什么不妥吧。她等到山穷水尽才勉强开口，现在，她已经走投无路了……"

巴尔扎克的回复非常简短："我觉得您最好来一趟巴黎，我们从长计议。"

巴尔扎克的传记作者说，既然这位天才有权如此，我们就不应该以寻常的标准评价他的所作所为。然而我认为，这是观点问题，我们最好还是承认他的自私自利、寡廉鲜耻和背信弃义。巴尔扎克的经济状况极不稳定，究其原因，我想最合理的解释便是：他盲目乐观，始终坚信自己能够通过写作赚到大钱（他确实曾收入不菲），通过投机收获万贯家财，毕竟投机买卖曾经一次又一次诱惑着巴尔扎克，引发他的无限遐想。然而每当他真正参与投机之时，却总是血本无归，徒增负债。我想他之所以能够成为如此伟大的作家，正是因为他无法保持理智，无法脚踏实地，恪守节俭之道。巴尔扎克喜欢炫耀，追求奢华，消费欲望异常强烈。他拼命工作，力求偿还债务，却总是旧债未平，新债又起。他性格奇特，只有负债沉重之时，才能静下心来认真写作，写到脸色苍白，写到筋疲力尽。正是在这样的环境下，他写出了自己最好的几部小说。可是，每当他受上帝垂怜，没有陷入困境，也没有经纪人前来叨扰，更没有编辑和出版商起诉之时，他反而会丧失创造力，无法执笔创作。他曾在临终前说，母亲毁了他的一生，这话实在骇人听闻，因为事实上，巴尔扎克才是葬送母亲一生的罪魁祸首。

3

巴尔扎克的文学成就，帮助他结交了许多新的朋友，他凭借与生俱来的蓬勃朝气、富有感染力的幽默和魅力，辗转大大小小的高档沙龙，成了当时炙手可热的红人。德·卡斯特里侯爵夫人，即德·马伊埃公爵的女儿、费茨詹姆斯公爵的侄女、詹姆斯二世的直系后代，深深迷恋着赫赫有名的巴尔扎克。她先以化名写信，待巴尔扎克回应之后，才再次写信透露自己的身份。巴尔扎克喜不自胜，他慕名前去拜访，受到侯爵夫人的盛情款待，之后便每天都去看她。侯爵夫人皮肤白皙、金发碧眼，如花般娇艳，令他深深着迷。她虽然允许巴尔扎克亲吻自己高贵的双手，却始终拒绝更加亲昵的行为。巴尔扎克心有不甘，他开始喷香水，每天佩戴崭新的黄色手套，却仍然一无所获。他逐渐失去耐心，变得脾气暴躁，开始怀疑对方是不是在玩弄自己。然而真相非常简单，侯爵夫人需要的只是爱慕者，而不是情人，她以为自己只要吸引巴尔扎克这样年轻有为的爱慕者，就会风光无限。

一次，侯爵夫人的叔叔费茨詹姆斯亲自护送她和巴尔扎克前往意大利，途径日内瓦之时在此小住，危机终于出现。巴尔扎克陪伴侯爵夫人乘兴而出，败兴而归，几乎泪流满面。没有人知道到底发生过什么，或许是因为巴尔扎克提出了最后的要求，却惨遭回绝，而回绝的方式又令他颜面尽失。他既痛苦又恼怒，感觉自己受到利用，于是愤然返回巴黎。然而，巴尔扎克绝不会就此罢休，他的每一次经历，即使受尽羞辱，也可以成为写作的素材。德·卡斯特里侯爵夫人必将成为上流社会无情女子轻浮放荡的典型。

巴尔扎克毫无结果地追求侯爵夫人之时，曾收到一封来自敖德萨，署名"外国女性"的爱慕者的来信。没过多久，便又收到一封类似署名的信件。他通过俄国唯一的法国报纸，刊登了一则广告：

"德·巴尔扎克先生已经收到来信，特借本报表达谢意，虽恐为时晚矣，却仍旧不知应回复何处，对此深感遗憾。"写信之人是一位波兰的已婚女子，名为伊芙琳·汉斯卡，她出身高贵，家财丰厚，时年三十二岁，丈夫已经年过五十。她和丈夫生过五个孩子，却只有一个女儿尚在人世。她看到巴尔扎克的广告，便与他约定，通过敖德萨的一家书店传递往来信件，两人从此便开始书信往来。

巴尔扎克经常挂在嘴边的"澎湃激情"便始于此处。

没过多久，两人之间信件的内容就越发亲昵。巴尔扎克以言过其实的方式袒露自己的内心，毫无保留，试图激起她的怜悯和同情。她喜欢浪漫，深居五千英亩大地中央的乌克兰城堡，过着枯燥乏味的贵族生活。她非常仰慕这位作家，也非常欣赏这名男子。互通信件的几年期间，汉斯卡夫人曾经带着年迈多病的丈夫、女儿、女家庭教师，以及部分随从前往瑞士的纳夏泰尔，并邀请巴尔扎克在此会面。关于两人相遇时的场景，确有一段赏心悦目的记载，然而读起来却不太真实：巴尔扎克散步公园，看到一名女子坐在长椅上读书。她将手帕丢在地上，巴尔扎克则恰巧经过，礼貌性地将其拾起，正准备物归原主，却发现手帕的主人正在阅读自己的作品。他开口说话，欣然得知她就是此次约会之人，真是好巧。女子英姿飒爽，浑身散发着华贵的气息；秀发飘逸，双唇性感，哪怕惊鸿一瞥，也会被那双明媚动人的眼睛深深吸引。女子看着巴尔扎克，似乎吓了一跳，她完全没有想到，那些字里行间热情奔放的信件，竟然就是眼前这位矮小粗壮、满面红光的男人所写，他看上去简直像个屠夫。即便如此，她依旧满心欢喜，因为那双熠熠生辉的眼睛、那种蓬勃的朝气，以及那副世间少有的热心肠，瞬间便令她的震惊烟消云散。两人互相倾心，在纳夏泰尔度过了五天的欢愉时光，之后巴尔扎克因为公务在身，不得不返回巴黎。临别之际，两人相约日内瓦，决定等到冬天再次会面。冬天如期而至，两人也再次会面，共同欢度圣诞。足足六个礼拜，巴尔扎克过得非常充实，他一边与汉斯卡夫人交欢，一边抽时间撰写《朗热公爵夫人》，意图通过文字报复曾经辜负自己的德·卡斯特里侯爵夫人。他离开日内瓦之时，汉斯卡夫人向他保证：丈夫病入膏肓，一旦撒手人寰，自己就马上嫁给他。然而刚刚回到巴黎后不久，巴尔扎克就邂逅吉多博尼–维斯康蒂伯爵夫人，对她一见倾心。这位伯爵夫人满头银发，虽然是英国血统，却也身材丰满，非常性感，而且出了名的水性杨花。没过多久，她就成为巴尔扎克的情人。巴尔扎克声名赫赫，他的风流韵事自然不胫而走，人尽皆知。维也纳的伊芙琳·汉斯卡闻听此事，给巴尔扎克写了一封信，强烈指责他的不忠不义，并扬言自己要返回乌克兰，与他死生不复相见。这封信给巴尔扎克当头一击，因为他相信她的丈夫即将奔赴极乐，只要娶她为妻，就能与她分享那笔巨额的遗产。巴尔扎克焦虑万分，他借了两千法郎，匆匆前往维也纳请求和解。他化名德·巴尔扎克侯爵，将伪造的盾形徽章装入行李，带着一名贴身男仆匆匆出行。乔装贵族，巴尔扎克不得不顾及自己的颜面，避免跟旅馆老板讨价还价，且必须支付足额的小费，彰显自己的身份。因此，这注定是一场代价高昂的旅行，以致巴尔扎克抵达维也纳之时，几乎身无分文。伊芙琳愿意慷慨解囊，却依旧忍不住破口大骂，巴尔扎克不得扯谎骗她，甚至以生命赌誓来减轻她的疑虑。三个星期之后，伊芙琳动前往乌克兰，此后八年两人再没有见面。

　　巴尔扎克返回巴黎，与吉多博尼-维斯康蒂伯爵夫人重修旧好。他想要讨好这位夫人，因此更加挥霍无度。他因负债累累遭受拘捕，伯爵夫人便为他还清欠款，免他牢狱之灾。此后，巴尔扎克每次山穷水尽之时，她都会伸出援手。1836年，德伯尔尼夫人离世，巴尔扎克听闻此事悲痛不已，声称她是自己唯一爱过的女人；亦有人说德伯尔尼是唯一爱过他的女人。同年，伯爵夫人告诉他，自己已经怀上他的孩子。婴儿降生之时，她那海纳百川的丈夫甚至还说："我早就说夫人很想要个黑皮肤的孩子，如今她终于如愿以偿。"巴尔扎克的风流韵事还有很多，我认为有必要再提一件。故事的女主人公是位寡妇，名为伊莲·德·瓦莱特，她和德·卡斯特里侯爵夫人、伊芙琳·汉斯卡一样，都是巴尔扎克的崇拜者，且都是通过写信与巴尔扎克相识。巴尔扎克共计经历五桩情事，奇怪的是，其中三桩都始于崇拜者的来信。他的感情经历之所以不尽如人意，或许也正因如此。如果女人崇拜男人，是因为他的声明地位，那么两人真正交往之后，她就会过度沉溺于这份虚荣，无法借助真正的爱情，激起那份坚定不移的美好感觉。伯爵夫人好出风头，却屡屡受挫，她本性贪婪，从来不会放过任何一个满足欲望的机会。巴尔扎克与伊莲·德·瓦莱特的关系维持了四五年。奇怪的是，巴尔扎克提出分手的理由，竟然是对方没有最初声称的那样畅通的人脉。他向伯爵夫人借过一笔巨款，伯爵夫人也曾试图在他身故之后，向他的遗孀索要，然而似乎徒劳无功。

　　与此同时，他仍然与伊芙琳·汉斯卡保持联系。巴尔扎克的早期信件也充分说明，两人之间的关系绝对非同寻常。因为一时疏忽，汉斯卡将其中两封信夹在书中，忘记取出，刚巧被她的丈夫看到。巴尔扎克听闻此事，深觉尴尬，便写信向汉斯卡先生解释，声称他们只是在开玩笑。然而这两封信的内容充满暧昧，是他为了回应伊芙琳的奚落，说明自己也可以写情书的证据。巴尔扎克的解释空洞无力，可汉斯卡先生却显然接受了这样的说法。经过此事，巴尔扎克写信更加小心谨慎，他只能委婉地表达自己的感情，希望她能够明白这字里行间的深意，希望她能够相信，自己仍然一如既往地深爱着她，且期盼有朝一日，能够与她长相厮守，共度余生。我们似乎可以相信的是，巴尔扎克在深居简出的那八年期间，除了偶尔春心萌动，也认真对待过两段感情，一段是和吉多博尼–维斯康蒂伯爵夫人，另一段是和伊莲·德·瓦莱特。巴尔扎克对伊芙琳·汉斯卡的感情，似乎没有表面上那么强烈。他是小说家，坐下写信之时，自然能够全身心投入，以深情男郎的口吻表达自己的无尽相思，就像他举例说明吕西安·德·吕庞泼莱的文学天赋之时，能够以优秀年轻记者的口吻，写出令人钦佩的美文一样。我想，巴尔扎克给写给伊芙琳的情书，必定是有感而发，情真意切，毕竟她已经许诺，只要丈夫离世，就马上嫁给他，而他也希望她能够信守诺言，成为自己将来的保障。因此，即便巴尔扎克为了前途，言过其实，也没有什么可指摘的。漫长的八个月期间，汉斯卡先生的健康状况还算稳定。然而却骤然离世，令巴尔扎克大吃一惊。他翘首以盼的时刻终于到来，他的梦想也即将实现，他终于要成为有钱人，也终于可以摆脱自己的小资产阶级债务了。

　　然而，伊芙琳写信告诉巴尔扎克丈夫去世的消息之后，又写了第二封信，表明自己不会嫁给他。她无法原谅巴尔扎克的不忠、奢侈、负债累累。巴尔扎克近乎绝望，他想起伊芙琳在维也纳对自己说过的话，心有不甘。她说她只求得到巴尔扎克的心，不指望他能够坚守肉体的忠贞。巴尔扎克深感冤屈，内心愤愤不平，他认为只要双方见面，就能够挽回这份感情。于是，大量的通信之后，虽然对方明显不情愿，他仍然启程前往圣彼得堡。此时，伊芙琳正在料理丈夫的后事。

巴尔扎克的如意算盘啪啪作响，此时，两人都已步入中年，身体发福，一个四十三岁，另一个四十二岁，然而巴尔扎克的魅力、活力和天赋，却令她无法抗拒。两人再次成为情侣，伊芙琳也再次答应嫁给巴尔扎克。从最初的承诺，到最后的信守诺言，共计长达七年之久。伊芙琳的犹豫不决始终令传记作者们百思不得其解，我想原因并不复杂。伊芙琳出身贵族，且引以为傲，她就像《战争与和平》里的安德烈公爵，自尊心极强，她或许已经意识到，著名小说家和庸俗暴发户之间的天差地别。与此同时，她的家人极力反对这桩婚事，奉劝她与巴尔扎克保持距离。女儿也已到适婚年龄，等着伊芙琳为她寻得门当户对的夫家。巴尔扎克挥金如土，臭名昭著，她似乎害怕对方将自己的钱财挥霍一空。因为他总是问自己要钱，且毫不节制、变本加厉。伊芙琳确实有钱，她寻欢作乐，花钱花得心安理得，却不愿以己之财，供他人花天酒地，毕竟二者之间差别巨大。

这件事情的奇怪之处并不是伊芙琳·汉斯卡的犹豫不决，而是她竟然能够说服自己嫁给巴尔扎克。两人虽然没有朝夕相处，却也成功开花结果。巴尔扎克欣喜不已，他认为生米终成熟饭，于是立即请求迎娶伊芙琳。伊芙琳不愿意勉强应允，她回信告诉巴尔扎克，自己打算分娩之后返回乌克兰，以求节约用度，等待尘埃落定之后再与他长相厮守。然而，1845年或1846年，孩子落地后，不幸夭折，直到1850年冬天，两人才在乌克兰正式成婚。至于她为什么最终会答应结婚，古往今来众说纷纭，疑点颇多。伊芙琳从来没有想过嫁给巴尔扎克，她是位虔诚的教徒，曾经认真考虑是否听从神父的劝诫，入院修道，改变自己骄奢淫逸的生活处境。同年冬天，因为过度劳累，以及终年饮用浓咖啡的恶习，巴尔扎克强壮的体格每况愈下，心肺功能也因此受到影响。显然，他已时日无多。或许伊芙琳意识到，巴尔扎克已是将死之人，虽然没能坚守忠贞，却也旷日持久地爱过自己，所以她心生恻隐，决定委身下嫁。她的哥哥亚当·泽伍斯基曾经写信反对，皮埃尔·狄斯卡维斯在《巴尔扎克先生的一百天》中曾引述她的回复："不，不，不……他因为我历经磨难，为了我受尽苦楚，我就是他的灵感和快乐之源，我欠他的。他生病了，没多少时间了！……他曾经多次经历背叛，无论如何，我都愿意继续坚守忠贞，绝不辜负他对我的期待，如果真像医生所说的那样，他肯定快要死了。临死之前，我们至少还可以十指相扣，相伴相守。我将成为他最后的牵挂，成为他双眼定格的最后画面，我要他知道，他如此深爱，且如此深爱他的女人将伴随他走到生命的尽头。"如此情真意切、令人动容的信件，教人如何怀疑两人不是因为爱而结合呢？

伊芙琳不再家财万贯，她为女儿花费大笔钱财，只剩年金安度余生。如果巴尔扎克曾经为此感到失望，那么他倒是隐藏得很好，没有流露出来。两人随即前往巴黎，用伊芙琳的钱买了一栋豪华别墅。

令人惋惜的是，巴尔扎克处心积虑、如愿以偿之后，发现婚姻生活并不美好。他们的乌克兰同居生活历经好几个月，即便性格各异、困难重重，也应逐渐相熟相知，更加亲密无间。然而，伊芙琳已经忘记自己曾经的轻佻，对巴尔扎克的放荡耿耿于怀，认为他依然诡计多端、死性不改。数年以来，巴尔扎克始终卑躬屈膝，乞求妻子的原谅。或许是因为结婚之初，巴尔扎克以为尘埃落定，再无后顾之忧，所以变得既霸道又专横。而傲慢、挑剔、脾气暴躁的伊芙琳则始终认为，自己已经做出很大的牺牲，却从来没有看出对方的丝毫感激之情。她以前总是说，如果巴尔扎克无法偿清债务，自己绝不会嫁给他。巴尔扎克也曾保证，自己已经无债一身轻。然而刚到巴黎，伊芙琳就发现房子已经被抵押，巴尔扎克依旧负债累累。她已经习惯用人们鞍前马后、随时等候调遣的豪宅生活，对法国的仆从极其不满，同时非常反感丈夫的家人参与自己的家务，她不喜欢他们，认为他们身份低微、自命不凡。因此夫妻之间的争吵往往非常激烈，弄得人尽皆知。

　　巴尔扎克抵达巴黎之时已经疾病缠身。他的病情逐渐恶化，接连引发其他症状，终于1850年8月17日，与世长辞。

　　伊芙琳·汉斯卡与凯特·狄更斯和托尔斯泰伯爵夫人一样，离世之后，负面报道不断。巴尔扎克去世之后，伊芙琳历经三十二个春秋，通过变卖物品偿还巴尔扎克的债务，每年还会寄送三千法郎给巴尔扎克的母亲，代替他兑现从没有兑现的承诺。此外，她还重新发行了丈夫的全部作品。几个月后，名为尚弗勒里的年轻男子慕名而来。他仪表堂堂，对伊芙琳大献殷勤，伊芙琳也并不排斥，并与他维持着这样的关系。三个月后，缘分终结，名为简·齐古的画家又找上门来。这段关系直到她八十二岁去世之后才正式结束，从时间跨度来看，我们几乎可以断定二者是柏拉图式的恋爱关系。然而后人们则始终希望她能够洁身自好，伤心欲绝地度过余生。

4

乔治·桑曾说，巴尔扎克的每一本书，都是恢宏巨著的一页，省略其中的任意一页，都无法称之为完美。1833年，巴尔扎克突发奇想，决定将自己所有的作品合而为一，命名为《人间喜剧》。这样的想法刚刚萌生之时，他就跑去告诉自己的妹妹："祝贺我吧，"他高声欢呼，"因为显然（tout simplement），我已经踏上天才之路。"他是这样描述自己内心想法的："法国社会是史学家的天下，而我只想成为一名记录者，罗列善、恶的方方面面，探索澎湃激情的深层本质，刻画性格各异的人物角色，甄选社会生活的重大事件，创造集众多特征于一身的全新类别，或许我可以写出众多史学家皆遗忘的历史，也就是风俗史。"巴尔扎克志存高远，终其一生都在为之奋斗，却始终没能如愿以偿。他流传后世的作品，质量参差不齐，部分内容虽然必不可少，却少有趣味，令人惋惜。然而世人皆有所长，皆有所短，如此皇皇巨著又怎么可能完美无缺。巴尔扎克的小说人物，往往因某种原始而朴素的情感脱颖而出，他的创作之长也恰恰体现在人物刻画的这一方面。然而处理性格更为复杂的人物之时，他就会显得有些捉襟见肘。几乎他的所有小说都包含引人入胜的场景描述和故事情节，令读者沉迷其中，无法自拔。

没有读过巴尔扎克作品的人，如果想要阅读最能代表其创作风格、最能体现其精神思想的小说，我会毫不犹豫地推荐《高老头》。这部小说的趣味性贯穿始终。巴尔扎克在撰写部分小说之时，经常会暂停正在进行的故事，大谈各种毫不相干的话题，赘述令人兴致全无的人物角色。《高老头》刚好没有这些缺点，所有人物都通过一言一行客观反映各自的本性。这部小说结构严谨，主线明晰，通过老父对女儿无私的关爱、女儿对父亲的忘恩负义，以及拉斯蒂涅初涉巴黎、混迹腐败社会的故事将全文巧妙地串联起来。全文揭示了巴尔扎克想要通过《人间喜剧》极力揭示的道理："人既非善类也非恶类，他们生而具备直觉和天赋。社会不会令人们堕落，反而会带领人们走向完美，自私自利才是助长邪恶的罪魁祸首。"

据我所知，巴尔扎克通过《高老头》，首次萌生"多部小说使用相同人物角色"的想法。这种创作方式的难点在于，角色本身必须具备足够的吸引力，从而激起读者一探究竟的求知欲望。就这一方面来说，巴尔扎克可谓大获成功。阅读某些小说之时，我常常很想知道某些人物（拉斯蒂涅）的过往和未来，我读他们的故事，也总能收获额外的满足。巴尔扎克对这样的人物同样兴趣浓厚，至于其他人，他甚至会表现得冷血无情、漠不关心。于勒·桑多曾任巴尔扎克的秘书，以乔治·桑的情人身份青史留名：他曾在妹妹弥留之际返回家乡，亲手将其埋葬。巴尔扎克对此表示哀悼，他亲切问候桑多的家人之后，便立即说道："好了，这事儿到此为止，咱们来说正事儿吧，谈谈欧也妮·葛朗台。"

这种多部小说使用相同角色的创作方式（圣伯夫曾经一时任性，对此大加批判）可以简化文学创作的复杂性，效果极为显著。然而我相信，巴尔扎克采用这种方式，是为了增强故事的真实性，绝不是因为自身的创造能力不足。因为我们日常所接触的人物，也差不多属于同一群体。更重要的一点是，我认为他的主要目标是将所有作品相互联系，从而构建出统一的整体。正如巴尔扎克本人所言，他的目标并不是描写某个群体、某种类型、某个阶级，乃至某个社会，而是某个时代和某种文明。他沉迷于自己独有的幻想，认为无论哪种灾难降临，法国都是世界的中心，永恒不变。或许正因如此，他才能意志坚定地塑造出缤纷多彩的世界，令世界焕发勃勃生机。

巴尔扎克开始写小说时，通常进展缓慢。他会以长篇大论，详细记述故事发生的场景，且常常因为过度沉浸于此，赘述读者无须知道的大量信息。他好像从来都不知道哪些需要写，哪些不需要写。场景之后，他会开始描述人物的外貌、性格、出身、习惯、想法以及缺陷，然后再开始讲述故事。他的每位角色都洋溢着巴尔扎克式的热情，源自现实生活，却又不似现实之人。他们的性格色彩生动鲜明，比普通人更加强烈，甚至额外昭彰；他们有血有肉，深得读者的信赖。因为巴尔扎克本人便对他们深信不疑，以至于弥留之际，还在大声呼喊："派人去找皮安训。皮安训会救我的。"这位皮安训，正是贯穿巴尔扎克多部小说的一位聪明伶俐、诚实可靠的医生，也是《人间喜剧》少有的几位正面角色之一。

我相信，巴尔扎克是以寄宿公寓为故事场景的第一位小说家。利用这种场景，小说家可以方便地会聚身处不同境遇的各色人物。因此，作家们开始争相模仿，却从来没有人能够超越巴尔扎克，写出《高老头》这样的旷世佳作。这部小说的主角伏脱冷，或许冠绝巴尔扎克生平所塑造的全部角色。此类人物虽已被刻画千遍万遍，却从来没有像巴尔扎克笔下这般特色鲜明、栩栩如生、令人绝对信服。伏脱冷头脑灵活、意志坚定、朝气蓬勃，他虽然坏事做尽、冷漠无情，却深深吸引着巴尔扎克。作者严守最终的秘密，不断暗示此人的凶险之处，其表现手法娴熟而精妙，我认为每位读者都应该细细品味。他乐观慷慨、本性善良，拥有强健的体魄和沉着的内心。初识此人，除了崇拜和喜欢，你对他必定没有别的感觉。然而奇怪的是，你还会感到恐惧和不安。他既像野心勃勃、出身高贵、只身闯荡巴黎的拉斯蒂涅，令人神魂颠倒，又像恶贯满盈的拉斯蒂涅，令人心神难安。我认为，伏脱冷绝对堪称这部小说的伟大造物。

伏脱冷和欧仁·拉斯蒂涅之间的关系非常微妙，就这一点而言，巴尔扎克的表现手法实在令人敬佩。伏脱冷能够深刻洞察拉斯蒂涅的内心，他利用难以察觉的阴诡手段，逐渐瓦解对方的是非观念：诚然，拉斯蒂涅惊觉伏脱冷谋财害命的邪恶内心时，也曾极力反抗，然而罪恶的种子早已深埋，为时晚矣。

《高老头》的故事以老头的死而告终。拉斯蒂涅参加了他的葬礼，待众人离去之后，独自俯瞰塞纳河沿岸的巴黎。他的目光缓缓下落，定格在自己梦寐以求的高档居民区，高声呼喊："现在咱们俩来拼一拼吧！"部分读者不想阅读拉斯蒂涅参与的情节，却又明确想知道伏脱冷的影响会产生什么样的后果，那么以下内容或许能够吸引他们的兴趣。

高老头的女儿，也就是银行家纽沁根男爵的太太，对拉斯蒂涅情根深种。她为拉斯蒂涅买了一套公寓，添置了许多昂贵的家具，同时供他锦衣玉食，过着体面的绅士生活。纽沁根男爵严格控制着家庭经济大权，因此这位夫人的手头并不宽裕。至于她拿什么供养拉斯蒂涅，巴尔扎克并没有交代清楚。或许他认为，恋爱中的女人，为了资助自己的情人，总能找到些生财的门路。纽沁根男爵似乎并不介意妻子包养情人。1826年，他甚至伙同拉斯蒂涅，利用一场金融交易搞垮了对方的几位朋友，而拉斯蒂涅也因此获利四十万法郎。拉斯蒂涅拿着这些钱，首先为两个妹妹置办了嫁妆，希望她们能够拥有美满的婚姻，然后将剩下的钱按照每年两万法郎的份额平均分开，"这是过安稳日子的钱"，他对自己的朋友皮安训说。

此时拉斯蒂涅认为，自己不必再依靠纽沁根夫人，日久天长，甚至有百害而无一利。因此，他决定甩掉纽沁根夫人，转而攀附既有钱又有权的德斯帕尔公爵夫人。"或许有一天我会娶她，"他补充道，"她能让我还清所有的债。"此事发生在1828年，德斯帕尔夫人究竟有没有因为他的花言巧语而芳心暗许，巴尔扎克并没有给出明确的答案。如果德斯帕尔夫人倾心于他，那么这段感情必然是短暂的，因为拉斯蒂涅很快就再次成了纽沁根夫人的情夫。1831年，他本想迎娶一位阿尔萨斯的姑娘为妻，却发现自己高估了对方的财产状况，立马打了退堂鼓。1832年，他通过亨利·德玛西（纽沁根夫人曾经的情人，路易斯·菲力普时期任部门长官）的关系，谋得了政务次官的职位，并凭借这份工作，积累了大量财富。1835年，他和纽沁根夫人和平分手，三年以后，便迎娶了她的女儿奥古斯塔。奥古斯塔是豪门独女，因此拉斯蒂涅也从此飞上枝头，大富大贵。1839年，他被封伯爵，再次进入政府机关。1845年，他又受封法国贵族，年收入高达三十万法郎（约一万两千英镑），堪称巨富。

　　巴尔扎克明显非常偏爱拉斯蒂涅。他出身高贵、仪表堂堂、头脑灵活、魅力十足，是每个女子的梦中情人。即便说拉斯蒂涅是他甘愿放弃一切（除了自己的名声）都想成为的人，似乎也不为过。巴尔扎克崇尚成功，因此拉斯蒂涅虽然无赖，却也飞黄腾达，成为人生赢家。巴尔扎克对待愚蠢之人也毫无怜悯之心，所以拉斯蒂涅善于利用他人的愚蠢，损人而利己。吕西安·德·吕庞泼莱是巴尔扎克塑造的另一位冒险家，他软弱无能，最终一败涂地。拉斯蒂涅则有胆有识、意志坚定、能力超群，因此最终走向巅峰。睥睨拉雪兹神父公墓，扬言挑战巴黎的那一刻起，他就决定不惜一切代价为自己铲除障碍。我猜，巴尔扎克或许非常不愿谴责拉斯蒂涅道德方面的过失。因为他虽然冷血无情、不择手段，却始终愿意帮助那些陪伴自己度过艰难的老朋友，是位本性善良之人。他最初的目标也只有豪门生活：坐拥豪宅、仆人、马车、情人和有钱的太太。他终于实现自己庸俗的目标，而巴尔扎克似乎一点都不觉得它庸俗。

多情高产的狄更斯
和他心中最宠爱的孩子《大卫·科波菲尔》

1

查尔斯·狄更斯虽然身材矮小，却也相貌端正，彬彬有礼。国家肖像馆收藏有他的一幅画像，是二十七岁的麦克利斯所作。他端坐在一把精致的椅子上，紧靠写字桌，一只小巧的手优雅地覆盖在手稿之上。他衣着华丽，佩戴着硕大的领结，一头棕色的鬈发紧贴着面庞，刚好垂到耳畔。他的眼睛明媚动人，表情沉稳庄重，俨然一副年少成名的作家形象。然而，这幅肖像无法展现他的全部魅力，凡是真正接触过他的人，都能从神情领略到他的神采奕奕，从外表感受到他的内心活动。年轻时，他喜爱华丽的天鹅绒外套、色泽鲜艳的马甲和领结、白色的帽子，颇有几分花花公子的味道。然而，他虽然衣着考究，却始终不入世俗的眼光，因为在旁人看来，他的装扮东拼西凑、花里胡哨，只会令人感到奇怪甚至震惊。

他的祖父名为威廉·狄更斯，最早是一名贴身男仆，与另一名女佣结为夫妻，后来成为克鲁府的管家，为切斯特的议员约翰·克鲁料理家务。他有两个儿子，威廉和约翰。我们的话题也将围绕后者展开，因为他的儿子后来成为英国最伟大的小说家，他本人也成为儿子笔下最著名的角色——密考伯先生的原型。威廉·狄更斯去世后，他的遗孀继续留在克鲁府掌事，三十五年后才正式退休，拿着养老金移居儿子们所在的伦敦，开始颐养天年。克鲁家十分关照这两个失去父亲的孩子，亲自教导不说，还时刻为两个孩子的将来做打算。因为克鲁的关系，约翰成功进入海军出纳部门任职，还在此结识了同事的妹妹伊丽莎白·巴萝，与她喜结连理。成婚之后，他的手头似乎一直不太宽裕，只要碰到愿意借钱的傻瓜，就毫不犹豫直接借钱。他心地善良、开朗豁达、头脑灵活，愿意吃苦耐劳，却性情反复，无法从一而终。他喜欢美酒，曾两次因欠债不还遭到酒商起诉，身陷囹圄。晚年，他习惯抚摸手表上的印章，面对他人时永远是一副光鲜亮丽、老当益壮的形象。

1812年，约翰和伊丽莎白的第一个儿子——查尔斯出生于波特西，家中排行老二。两年后，父亲因公前往伦敦，三年后又前往查塔姆，查尔斯便随父亲到此上学读书。父亲的几本藏书——《汤姆·琼斯》《威克菲尔德牧师传》《吉尔·布拉斯》《堂吉诃德》《蓝登传》《皮克尔传》曾被查尔斯反复阅读，以致他后来创作的诸多小说，风格都深受其影响。

1882年，约翰·狄更斯已经有了五个孩子，他返回伦敦，将查尔斯留在查塔姆继续上学，好几个月不曾相见。后来，查尔斯放假回家，发现全家已经移居伦敦市郊的康登镇，便称其为密考伯家的住处。约翰·狄更斯每年收入三百多镑，至少相当于我们今天的一千两百镑，可即便如此，他的生活仍然异常拮据，乃至无法继续供查尔斯上学。查尔斯也被迫接受家人的安排，开始看孩子、擦皮靴、洗衣服，帮助狄更斯太太从居占松带来的女仆料理家务。闲暇之时，他会漫无目的地闲逛，反复参观"荒无人烟、四周全是庄稼和沟渠"的康德小镇，有时还会去往毗邻的萨默斯镇与肯特镇，或者出趟远门，造访苏荷和莱姆豪斯，然后匆匆离去。

面对愈演愈烈的困境，狄更斯太太决定开办一所学校，接收常住印度的英国人子女。她找亲朋好友（可能是她的婆婆）借钱，印发传单，还嘱咐自己的孩子把传单塞进邻居家的邮箱，结果一无所获。此时，狄更斯太太的债务开始步步紧逼，她拿出所有值钱的物件（包括儿子视若珍宝的那些书籍），派查尔斯前去典当。后来，她的远房姻亲詹姆斯·拉莫特，以每周六先令的薪水，安排查尔斯进入自己参与创办的一家鞋油厂。查尔斯的父母对此满怀感激，他们欣然接受对方的好意，如释重负，殊不知这个只有十二岁的男孩早已伤心欲绝。没过多久，约翰·狄更斯就因欠债不还被捕，被投入马萨尔监狱。他的太太则典当了最后一些值钱的物件，携孩子们与丈夫共同进退。马萨尔监狱肮脏污浊、拥挤不堪，同时关押着犯人们和自愿陪同的家眷。至于监狱的这项政策，是不是为了减轻牢狱之苦，或者庇护无家可归的落难之人，我们无从知晓。假如债务人有钱，那么入狱以后，最难以忍受的不便之处就是失去自由，然而特殊情况下，这种不便也可以被适当减轻：因为部分犯人，只要遵守特定的条件，就可以获准移居高墙之外。从前，典狱长习惯蛮横无耻地勒索犯人，且经常粗暴地对待他们；然而约翰·狄更斯入狱之时，那些惨无人道的虐待方式早已废除，犯人们的生活也足够舒适。忠诚的女仆就住在监狱之外，每天都来帮忙照看孩子，制作餐食。此外，他仍然领取着每周六英镑的收入，完全没有偿还债务的打算。这种与世隔绝、远离债主的生活令他十分满意，甚至打消了他对于刑满释放的期待，很快就令他恢复了元气。其他因债入狱的同僚甚至"推举他做管理监狱内部财政的委员会主席"，上至狱吏、下至最低等的罪犯都对他热忱以待。许多传记作者始终搞不明白，为什么约翰·狄更斯入狱期间还可以照常领用工资，唯一的解释或许就是：政府官员往往由上层权贵任命，因债入狱的严重程度还不至于到革职停薪的地步。

父亲入狱初期，查尔斯寄宿于康登镇，而他工作所在的鞋油厂却位于查令十字街的哈格佛桥，两地相去甚远。因此，约翰·狄更斯特意在南华克的兰特街，即靠近马萨尔监狱的地方，为他找到了一处住所，以便他可以和家人共进早晚餐。他的工作也算不得辛苦，只是些洗瓶子、贴标签，然后进行捆扎的零碎活儿。1824年4月，克鲁府的老管家威廉·狄更斯太太去世，将积蓄留给了两个儿子。约翰·狄更斯也因哥哥替他偿还全部债务而重获自由。此时，约翰再次定居康登镇，回到海军出纳部门继续任职。查尔斯则继续待在工厂，洗了一段时间的瓶子。后来，约翰·狄更斯与詹姆斯·拉莫特发生争吵，据查尔斯记载，两人"以书信相互争执"，而传递书信、导致两人关系破裂的正是查尔斯本人。对方告诉查尔斯，他的父亲出言不逊，所以他必须走人。"我就这样，"查尔斯写道，"既轻松又压抑地回了家。"母亲试图平息此事，希望查尔斯能够回去工作，继续领取每周已升为七先令的薪水。也正因如此，查尔斯永远无法原谅自己的母亲。"后来，我从没有忘记，也不该忘记，甚至无法忘记——母亲曾经如此热切地希望我回去工作。"他补充道。然而，约翰·狄更斯已经怒不可遏，他不愿听从妻子的建议，执意将儿子送进位于汉普斯泰德路的"惠灵顿议会学院"。于是查尔斯便在这里度过了两年半的时光。

我们很难算出查尔斯到底在鞋油厂待了多久：他二月初入职，六月回家，工作时间不可能超过四个月。然而，也正是这短短的四个月时光，令他印象极其深刻。他认为自己受到奇耻大辱，完全不愿意提起这段往事。他的挚友，即首位传记作者约翰·福斯特曾无意间提到相关话题，令狄更斯深感痛苦，他告诉对方："即便此时此刻"，即二十五年之后，"这段屈辱依然刻骨铭心。"

我们已经习惯了精英政客和行业领袖们整天卖弄自己早年洗盘子、卖报纸的经历，所以反倒不理解，为什么狄更斯始终认定自己在鞋油厂的经历，是父母对自己深深的伤害、是一段必须隐藏的屈辱历史。他活泼、淘气、反应机敏，深知社会的阴暗。很久以前，他就已经看到父亲的挥霍，看到因此陷入困局的家庭状况。他们是穷人，过着苦日子。他在康登镇干着打扫和擦洗的活儿，负责替家人典当外套和其他杂物、购买食材，也会跟其他男孩沿街玩耍。然而，其他孩子都去上学的时候，他却要出去打工挣钱，拿着还算可观的薪水。他每周收入六先令（不久前已经涨到七先令），相当于今天的二十五先令到三十先令。曾经一段时间，他必须依靠这笔钱养活自己，直到移居马萨尔监狱附近、与家人共进早晚餐之后，情况才有所好转。同他一起干活儿的孩子们都很友好，实在不明白他为什么会觉得厮混在此是一种耻辱。偶尔，他会在家人的带领下，到牛津街看望自己的奶奶，却不自觉地发现，奶奶一辈子都"屈居人下"。约翰·狄更斯或许有些势利，习惯毫无根据地夸夸其谈，然而他毕竟只有十二岁，对社会地位肯定没有什么概念。如果查尔斯足够世故，自我感觉高人一等，那么他也一定足够聪明，清楚自己的收入对家里是何等重要。因此我们可以想象，他的骄傲或许正是源于自己赚钱养家的身份。

据推测，这段自传经历的具体细节，是福斯特追根究底的结果，由狄更斯亲自撰写。我猜他发挥想象力，回忆童年往事之时，应该充满了顾影自怜之情。他虽然名利双收、受众人爱戴，却常常幻想能够回到过去，于是便通过传记表达自己幼时的痛苦、厌恶和羞耻之心。他写到自己遭亲人背叛，感到无比孤独和痛苦时，那颗宽宏的心开始流血，那双明媚的眼睛也充满泪水，变得模糊。我认为他言过其实并不是有意为之，而是真情流露、难以自持。因为他的天才，刚好建立在夸张的基础之上。通过详细描述并突出密考伯先生性格的幽默元素，他引得读者开怀大笑。通过增强小内莉逐渐堕落的感染力，他引得读者痛哭流涕。可以想象，如果他没能以如此动人的方式描述这四个月的经历，或许便无法成就后来的自己。而这种动人的效果，只有查尔斯自己能够做到。众所周知，他曾在《大卫·科波菲尔》中再次回忆这段往事，以达到催人泪下的效果。我认为，他功成名就之后，认定为痛苦的那段童年回忆，或许真的言过其实。另外，我也不相信这段经历，如传记作家与评论家们所言，对他的人生和作品产生了决定性影响。

约翰·狄更斯被关押在马萨尔监狱期间，非常害怕负债累累、无力偿还的自己会丢掉海军出纳部门的工作。他以身体欠佳为由，恳求部门领导推荐自己领取养老金退休。最终，因为已服役十二年，且拥有六个孩子的情况，他成功"博取同情"，获准每年领取一百四十英镑的退休金。然而，这笔钱不足以供约翰·狄更斯养活全家，他必须继续寻找其他收入渠道。他学过一些速记的本事，便拜托内兄动用新闻界的关系，为自己谋得一份议会记者的工作。查尔斯十五岁离开学校之后，便进入一家律师事务所当差。他似乎并不认为这份工作有失体面，因为毕竟他已经成为我们今天所谓的白领。几周后，他托父亲的关系进入了另一家律师事务所，任律师助理，每周收入十先令，随后又涨到每周十五先令。此时，他感觉生活枯燥乏味，渴望自我提升，因此开始学习速记。十八个月之后，他便足以胜任常设法庭记者的工作；二十岁时，就已经拥有报道下议院辩论的资质，而且很快就以"速度最快、准确度最高的记者"名声在外。

在此期间，他爱上了一位银行职员的女儿，漂亮的玛丽亚·比德内尔。初见玛丽亚时，查尔斯只有十七岁。她年轻貌美、态度轻浮，似乎给过查尔斯不少鼓励性的暗示，甚至可能已经与他私订终身。可查尔斯身无分文，即便可以满足她的虚荣和欲望，也无法驱使她委身下嫁。两年之后，关系结束，他们依然互赠礼物、互通信件，虽然浪漫，可查尔斯仍然感觉自己心如刀割，难以平服。再次重逢之时，玛丽亚·比德内尔已经结婚多年，她面对已经功成名就的狄更斯和太太，显得又胖又蠢。随即，她便成为《小杜丽》中弗洛拉·芬琴的原型，此前，她曾是《大卫·科波菲尔》中朵拉的原型。

为了靠近工作所在的报社，狄更斯移居斯特兰德附近一条漆黑的街道。他并不满意这里的环境，于是又在弗尼瓦尔的宾馆租了一套没有家具的客房。然而，他还没有来得及进行布置，父亲就因为负债再次被捕，此时，他不得不承担父亲在看守所的一切生活费用。"正如人们所设想的那样，约翰·狄更斯恐怕需要等待一段时间，才能再次与家人团聚。"查尔斯为家人安排了便宜的住处，自己和弟弟弗里德里克则在弗尼瓦尔宾馆的"四楼后屋"同住。尤纳·蒲柏亨尼希曾作查尔斯·狄更斯传记，可读性极强，他写道："正因他慷慨仗义，且似乎能够轻易解决此类难题，所以家人，包括后来妻子的家人，也都习以为常，希望他能为没有骨气的亲戚借钱、安排工作，毕竟他是家里的顶梁柱，理应承担他应尽的责任。"

2

狄更斯曾任国会下议院的旁听记者，工作时间一年左右，在此期间，他曾撰写一系列有关伦敦生活的小品文。最早的几篇发表于《月刊》，后来几篇则发表于《晨报》。这些文章没有获得任何报酬，却意外吸引了出版商麦孔尼的注意。作者二十四岁那年，这些文章以两卷本的形式出版问世，冠名《博兹特写集》，由克鲁克香克绘制插图。麦孔尼则以一百五十英镑的价格，买下了它的出版权。这些文章颇受欢迎，没过多久便为他带来新的工作。彼时，包含幽默角色和插图的短篇故事盛行，按月刊载，稿酬为每期一先令，后来发展成为我们今天所说的幽默连环漫画，二者的流行程度旗鼓相当。

一天，"查普曼与霍尔"公司的合伙人前来拜访狄更斯，邀请他撰写一篇关于业余运动员俱乐部的故事，用以配合一位知名画家绘制的插图。故事计划分为二十期进行出版，每期酬劳十四英镑，即我们今天所谓的"连载版权费"，且成书出版之后，再另计报酬。狄更斯对此提出疑议，他自称对体育一窍不通，无法遵照对方的要求进行写作。然而"报酬实在诱人，令人无法抗拒"，他最终还是接受邀请，并如约完稿。故事名为《匹克威克外传》，前几期反响平平，后来凭借萨姆·韦勒亲作的导言，发行量激增。等到全部内容完结，成书出版之时，查尔斯·狄更斯已经声名在外。虽然众多评论家对此有所保留，却仍然无法阻止狄更斯声名大噪。《季度评论》谈及狄更斯之时，曾说道："狄更斯的命运，无需未卜先知的天赋，即可准确预测——他迅速崛起，也必将登高跌重。"事实上，狄更斯的职业生涯，始终伴随着公众读者的求知若渴和评论家们的吹毛求疵。

1836年，《匹克威克外传》第一期出版的前几天，狄更斯与凯特正式成婚。凯特是狄更斯《晨报》的同事——乔治·贺加斯的长女。乔治·贺加斯拥有六个儿子和八个女儿。女儿们都身材矮小、容光焕发，拥有蓝色的眼睛。众姐妹中，唯独凯特到了适婚年龄，所以狄更斯似乎也只有她一个选择。蜜月十分短暂，之后两人便定居弗内瓦尔宾馆，同时邀请凯特的妹妹玛丽·贺加斯前来同住。此时，狄更斯已经签订另外一部小说——《雾都孤儿》的合同，且开始撰写此书，但《匹克威克外传》还未完结。由于两本书均通过月刊连载，因此他总是先花两周时间写这一部，再花两周时间写另一部。多数的小说作家，专心塑造某些人物角色之时，往往会自然而然地联想到其他文学观点，造成思想混乱，狄更斯却可以轻松自如地游走于各个故事之间，简直令人惊叹。

他特别喜爱玛丽・贺加斯，因此凯特身怀有孕、无法共同出行之时，玛丽便是他的忠实伴侣。凯特生完孩子之后，似乎还想再生几个，于是他们搬出弗内瓦尔宾馆，移居道蒂街的一座房子。日复一日，玛丽变得越发讨人喜欢。五月的某个夜晚，狄更斯带着凯特和玛丽出去看戏，他们乘兴而出，尽兴而归。不料玛丽却突发急病，医生束手无策，几个小时后便撒手人寰。狄更斯取下她的戒指，戴到自己的手指上，直到临终前，都没有摘下这枚戒指。他悲痛欲绝，后来，他在日记中写道："美丽、乐观、和蔼可亲的同伴，我所有的思想和感情，都曾令她感同身受。如若她与我们同在，那么我便别无他求，只愿继续维系这份情感。可是她已经一去不复返，有朝一日，我必要祈求上帝，让我们再度相逢。"此外，他还将自己的墓穴安排于玛丽墓穴的旁边。我认为，他必然已经深深地爱上玛丽，至于他自己是否意识到了这一点，我们恐怕永远也无法知道了。

玛丽临终之时，凯特刚好怀有身孕，她伤心欲绝，乃至流产。待身体好转之后，狄更斯便与她一起出国旅行，以期走出悲伤的阴影。夏天如约而至，他也逐渐恢复生气，开始与另一位名叫埃莉诺・P的女士暧昧不清。

3

随着《雾都孤儿》《尼古拉斯・尼克尔贝》和《老古玩店》的出版问世，狄更斯的事业蒸蒸日上。他工作非常努力，好几年的时间，都在马不停蹄地创作之中度过，往往还没有等到一本书完稿，就开始撰写另一本新书。他以取悦大众为目的进行创作，好几部小说都通过月刊进行发表，因此十分关注读者的态度。他曾无意将《马丁·瞿述伟》拿到美国出版，直到月刊的销量骤跌，才发现连载故事的魅力早已不似从前。狄更斯不是那种耻于探讨流行的作者，他成就非凡，生活经历却平平无奇，始终遵循着固定的模式。因为工作需要，他每天必须专心写作好几个小时，实践适合自己的作息规律。他必须与文学、艺术领域以及上流社会的知名人士频繁交往，辗转众多贵妇之间，出席聚会、组织聚会、外出旅行、抛头露面，应接不暇。他的成功经历，没有几位作家能够幸运地感同身受。他似乎拥有无穷无尽的能量，能够接连不断地创作长篇小说、创办杂志、编辑杂志，甚至还能快速撰写每日报文。偶尔他也会撰写一些文章，发表演讲和宴会致辞，朗读自己的作品。他习惯骑马，每天行进二十英里完全不在话下。他喜欢跳舞，喜欢兴致勃勃地搞恶作剧，变戏法逗孩子们开心，经常参加业余演出。他沉迷戏剧，还曾认真考虑，意欲登台演出。他曾拜一位演员为师，学习演讲、背诵台词，面对镜子练习进场、落座和鞠躬。可以肯定的是，这些技艺对于初涉时尚领域的狄更斯而言，非常实用。可在吹毛求疵者们的眼中，他始终衣着华丽、略显庸俗。在英国，一个人的口音往往能够彰显其"社会地位"。狄更斯的一生几乎在伦敦度过，因此即使出席正式场合，他也难以掩盖某些伦敦东区的口音特点。然而即便如此，他也能够凭借英俊的外表、炯炯有神的双眼、热情洋溢的生机，以及欢欣鼓舞的笑声，散发出独特的魅力。虽然他经常因为别人的阿谀奉承而得意扬扬，却从没有因此而丧失理智。他始终保持着迷人的风度，是位乐观积极、深情款款的谦谦君子。他总是走到哪里，便将欢乐带到哪里。

奇怪的是，虽然狄更斯拥有强大的观察能力，能够随着时间的推移，深入了解社会的上层人士，然而，他通过小说塑造的上层人物，始终不及其他阶层那般真实可靠。他曾经饱受批判和指责，最常见的说法便是他不知道如何刻画上层社会的人物。他笔下的律师和律师助理特征鲜明，医生和牧师却缺乏特征、平庸之至，而且他最擅长的，便是描述自己童年时代所接触过的下层平民。

小说家似乎唯独对自己孩童时就开始接触的人物印象深刻，习惯将他们作为小说人物的原型。孩子们总是渴望长大，度日如年，他们拥有足够的时间探索周边的环境，探索身处这些环境的人们具备哪些特质。"许多英国作家都无法准确描绘出上流社会的生活面貌，"亨利·菲尔丁写道，"或许是因为他们其实对上流社会一无所知……不知为何，无论街头、巷尾、商店、咖啡馆，这些思想境界更高的凡夫俗子，和其他剩余的人种相同，不会受到世人的关注：他们每个人，都与上流社会的权贵们相同，默默无闻。简言之，合格的作家应该具备诸多资质，倘若他缺乏其中某项或多项资质，即缺乏头衔或财富，或与二者等值的条件（如令人敬仰的赌徒职业），便无法进入这个领域。不幸的是，具备资质之人往往极少愿意从事写作，而从事写作之人，往往又都是些水平欠佳之人，因为很多人认为这个行业不需要什么知识储备。"

随着生活条件的改善，狄更斯夫妇移居繁华的街区，订购知名公司的全套客厅、卧室家具。他们购买厚厚的地毯覆盖地板，购买绣花的窗帘装饰窗户。雇用大厨、女佣和男仆，还为自己配备马车。他们组织聚会，邀请贵族和名流，铺张浪费的程度令简·卡莱尔颇大惊失色。杰弗里勋爵也受宠若惊，他写信给朋友科伯恩勋爵，说自己赴新宅之宴，享受了"一顿豪门新贵举办的奢华晚宴"。狄更斯为人慷慨，喜欢人声鼎沸的热闹场合，因为出身贫寒、受尽苦楚，所以跻身上流之后便开始大手大脚地花钱。然而，钱财并非取之不尽，用之不竭，父亲、父亲全家、妻子全家，都在不断地消耗着他的财富。为了满足巨大的开支需求，他开始创办自己的第一份杂志——《汉普雷老爷的钟》，同时也为了开个好头，刊载了《老古玩店》。

1842年，他把四个孩子托付给凯特的妹妹乔吉娜·贺加斯，随后便带着凯特前往美国。狄更斯在美国的名气，可谓前无古人，后无来者。然而，这次出行也不算完全成功。百年之前，美国人民对待欧洲事物，普遍持鄙夷态度，对于外来者的批判之词也极度敏感。美国媒体则喜欢窥探所有热点人物的隐私。他们无所不用其极，锲而不舍地追踪外国名人，寻求曝光契机，只要对方稍稍表现反感，他们就会说人家自以为是、傲慢无礼。百年之前，美国言论自由，只要没有触碰到他人的敏感神经，影响到他人的利益，就可以畅所欲言。美国人民观念自由，只要不与世俗观点背道而驰，就可以尽情表达。然而，刚刚来到美国的查尔斯·狄更斯对此一无所知，他曾经因为言辞有失，酿成大错。当时，国际版权法尚未正式颁布，英国作家赴美出书，无法获得任何报酬，各大书商见风使舵，开始大量出版英国作家的书籍，令众多美国作家苦不堪言。然而，狄更斯非常草率，他首次出席美国人为自己举办的欢迎宴会之时，便迫不及待地提到此事，引起强烈反响。美报形容他"没有绅士风度，是个唯利是图的无耻之徒"。崇拜者们蜂拥而至，共聚费城的见面会时间长达两个小时。他的戒指、钻石胸针和奢华马甲，招致强烈批判。他的行为举止，更是不入挑剔者的眼。不过，他率性自然，毫不做作，最后没有几个人能够抗拒他的年轻、俊秀和乐观。他交了几个好朋友，始终保持着亲密的联系。

四个月后，狄更斯夫妇已经筋疲力尽，他们带着满满的收获，返回英国。此时，孩子们已经非常依赖乔吉娜姨妈，夫妇二人也长途奔波，身乏力卒，于是他们便邀请乔吉娜过来与孩子们继续同住。乔吉娜只有十六岁，正是玛丽当年住进弗内瓦尔宾馆，与新婚佳人狄更斯夫妇共同生活的年岁。她跟玛丽很像，远远看去几乎就是一人。"她、凯特和我同坐之时，"狄更斯写道："我甚至感觉，以前发生的一切都只是忧郁的梦境。"乔吉娜美丽动人、谦虚谨慎。她拥有极高的模仿天分，经常把狄更斯逗得哈哈大笑，日久天长，也深得对方信赖。他们一起远足，一起探讨文学创作计划，狄更斯也渐渐发现，她对自己颇有助益，可以胜任文学助理的工作。狄更斯一直过着奢靡的生活，却也很快发现自己负债累累，心力交瘁。他决定把房子租出去，带着家人（包括乔吉娜）前往意大利，享受低廉的物价，以此缩减开支。他旅居热那亚，时间长达一年之久，经常四处观光游览，几乎走遍全国。然而，因为思想狭隘、文化贫乏，他其实没有受到多少精神上的熏陶，且始终以英国游客的身份自居。他发现旅居国外的生活非常惬意，非常省钱，于是便打算长期居住欧洲大陆。作为家庭成员的乔吉娜，也始终与他们共同进退。一次，他们计划长期定居巴黎之时，乔吉娜还单独陪同狄更斯寻找公寓，而妻子凯特则在英国静静等待他们打点好一切。

凯特温柔恬静，性格忧郁，很难适应新的环境。她既不喜欢查尔斯带着自己一起旅行、参加聚会，也不喜欢操办派对活动。她四体不勤，没什么情趣，甚至可以说非常愚蠢。那些试图接近狄更斯的大人物，虽然轻视于她，却也不得不继续忍受。名人的太太，可不是那么好当的，因此既不聪明，也不幽默的凯特，必须深爱自己的丈夫，崇拜自己的丈夫，坦然接受丈夫受万人追捧、自己无人问津的残酷事实。她必须学会寻找爱情的慰藉，无论对方精神出轨的程度如何，必须坚信，他会回到自己的身边，寻求温暖和肯定。凯特似乎没有爱过狄更斯，订婚期间，她曾收到狄更斯的来信，指责自己过分冷漠。她之所以结婚，可能是因为看清了时局，不得已而为之；也可能是因为父母的过分施压，迫使她接受了这份未来的保障，成为八个姐妹的表率。她本性善良，只是衬不上丈夫的声明地位罢了。十五年来，她生下十个孩子，四次流产。妻子怀孕期间，狄更斯仍然没有停止旅行，他喜欢带上乔吉娜，一起外出，一起参加聚会，甚至让她代替妻子的位置，操持大局。人们可以想到凯特的愤恨不平，然而实际如何，终究无人知晓。

4

1857年，查尔斯·狄更斯已经四十五岁。活下来的九个孩子中，年长的已经成人，年幼的只有五岁。此时，他已经成为英国最受欢迎的小说家，鼎鼎大名四海皆知，影响力如日中天。他享受着世界的瞩目和莫大的虚荣，生活无比风光。几年前，他结识了比自己年幼十二岁的威尔基·柯林斯，很快便与之建立起亲密的友谊。埃德加·约翰逊先生写道："他喜欢奢华的美食、香槟、音乐会，经常同时跟好几位女士保持暧昧关系。他活泼幽默、愤世嫉俗、无拘无束，甚至不修边幅。"他们一同游历英国，造访巴黎，乐不思蜀，对于狄更斯来说，对方简直就是"快乐与自由"的代言。当时，同很多地位相当的男人一样，只要身边出现多情的女子，狄更斯便会把握机会搞搞暧昧。他的一切期待，凯特都无法满足，以致长时间以来，他的不满情绪逐渐累积。"她温柔、乖巧，"狄更斯写道，"可无论多么努力，我都无法让她理解我的感受。"结婚之初，她就满怀嫉妒。我猜，他最初一定认为对方没有理由嫉妒自己，所以便一直隐忍。直到后来，她的妒恨显露无遗，他才开始表现出不满。他说服自己，对方从来不适合自己。狄更斯变化迅速，可妻子仍然是最初的那副模样。他认为自己尽职尽责，是个好父亲。可事实上，他一直心怀不满，认为需要抚养的孩子太多，而凯特就是唯一的罪魁祸首。随着孩子们逐渐成长，他开始丧失生儿育女的兴趣，等到合适的年纪就把他们统统打发到遥远的地方。不过，这帮孩子也确实没什么出息。

　　若非一次出乎意料的经历，狄更斯与夫人之间的关系或许不会发生什么改变，即便日久天长，相看两厌，他们也仍然会维持着表面上的和睦。然而，偏偏狄更斯再次春心萌动，令两人之间的关系逐渐走向破裂。我们说过，狄更斯非常迷恋舞台，为了慈善事业，他曾不止一次参与客串演出。一次，他受邀前往曼彻斯特，参演威尔基·柯林斯所作的《冰冷的海洋》。这部戏曾经登上德文郡戏院的舞台，由女王、亲王、比利时国王亲自见证，大获成功。同意再次参演之后，狄更斯担心舞台太大，而女儿声音太小，无法一如既往地胜任剧中女孩的角色，于是便临时决定选用专业演员予以替代。此时，一位名为爱伦·厄娜的妙龄女子参与其中。她年方十八，娇小可爱，肤若凝脂，双目幽蓝，非常讨人喜欢。彩排活动定在狄更斯家里进行，狄更斯亲自担任导演。爱伦十分仰慕狄更斯，于是便想方设法讨好他，摆出一副楚楚可怜的样子。而狄更斯，居然非常享受对方崇拜的目光，还没等到彩排结束，就已经深陷爱河，难以自拔。他准备送给爱伦一只手镯，却阴差阳错地递到太太手中。狄更斯太太自然得理不饶人，开始大吵大闹，狄更斯则被逼无奈，表现出无辜可怜的样子，硬着头皮选择直面尴尬。演出如期而至，圆满结束，特意为此蓄了胡子的狄更斯担任主角，扮演了一位具有自我牺牲精神的北极探险家。他的演出非常动人，听说现场观众无不泪眼婆娑。

狄更斯与太太之间的关系变得越发紧张。曾经和蔼可亲、平易近人的他，开始变得烦躁不安、喜怒无常。除乔吉娜之外，他几乎对每个人都发过脾气。最后，他得出结论，认为自己无法继续现在的生活。然而，考虑到目前的社会影响力，他又畏而不前，担心公开决裂会招致无穷无尽的流言蜚语。他的忧虑并非没有道理：通过利润丰厚的圣诞图书，他曾将圣诞节包装为象征家庭团圆、和睦、幸福的美好节日。而且数年来，他始终以动人的方式向读者传达着：家庭是唯一的幸福港湾。当时的情形十分微妙，狄更斯曾提出各种建议：一是凯特移居另一间客房，与狄更斯一起操持派对，共同出席社交场合；二是凯特移居伦敦，狄更斯入住位于肯特的新居——盖德山庄，狄更斯每次旅居伦敦之时，她便前来盖德山庄同住；三是凯特定居国外。凯特拒绝了所有的提议，最终与狄更斯商定完全分居，互不来往。她移居康登外围的一座小房子，每年收入六百镑。不久之后，长子查尔斯又前去与她同住了一段时间。

这样的安排简直出人意料。凯特温柔善良，一度愚蠢至极，可她为什么可以忍受自己被逐出家门？为什么甘愿离开自己的骨肉至亲？她非常清楚查尔斯与爱伦·厄娜之间的暧昧关系，完全可以借助这张王牌，提出任何条件。狄更斯写过一封信，提到凯特的一大"缺陷"，也曾通过另一封意外出版的信，暗指妻子罹患某种心理疾病，"导致她认为离开才是最好的选择"。现在，我们几乎十分确信，狄更斯所指的缺陷便是凯特的饮酒恶习。可话说回来，即便她借酒浇愁，宣泄心中的妒火，缓解枉为人妻的挫败感，也实在情有可原。而如果她真的嗜酒成性，一蹶不振，那么乔吉娜操持家务、照顾孩子便有了正当的理由，妈妈离开自己的孩子们也就成了合情合理的选择。而乔吉娜所写的"可怜的凯特显然已经无力照顾自己的孩子"也就并非空穴来风了。我想，长子前去与她同住之时，或许没有发现母亲饮酒过度，因此并不知情。

狄更斯盛名在外，个人私情难免会引得流言四起。他听闻贺加斯家，即凯特和乔吉娜的娘家，谣传爱伦·厄娜是自己的情妇之后，勃然大怒，于是便以凯特净身出户为要挟，强迫他们签订了一项声明，宣布他们不相信狄更斯与那位年轻女演员存在不正当的男女关系。两周之后，贺加斯一家思前想后，终于不得不屈服于这一恐吓；尽管他们知道，即使凯特面临着净身出户的威胁，也完全可以用铁的事实提起诉讼。然而，既然他们不敢继续追究，那么必然是因为凯特同样隐瞒着什么不可告人的秘密。另外，乔吉娜的谣言也络绎不绝。她就像一个谜一样的存在，影响着整件事情的走向。我总是在想，假如有人愿意以她为中心，写一部剧本，那必然会是一出好戏。玛丽死后，狄更斯悲痛欲绝，他写的日记究竟存在什么意义，我已经在本章的开头说过。显然，他深爱着玛丽，且早已对凯特心存不满。所以乔吉娜刚刚搬来，他便深深陷入情网，沉迷于她与玛丽惊人的相似之处。他爱乔吉娜吗？乔吉娜爱他吗？谁也说不清楚。乔吉娜非常忌妒凯特，所以查尔斯死后，她便销毁了书信中所有与凯特相关的溢美之词，然后编辑成册。然而，政教的态度亘古不变：丈夫与亡妻之妹的婚姻，始终存在乱伦的色彩。或许她从来没有想过，朝夕相处长达十五年之久的姐夫，会与自己发生任何兄妹情之外的关系。或许她认为，只要占据着主动权，哪怕红颜知己的关系也足矣。最令人感到奇怪的是，查尔斯深深迷恋着爱伦·厄娜之时，乔吉娜竟然也跟她成为朋友，甚至非常欢迎她光临盖德山庄。至于她究竟如何作想，恐怕也只有她自己知道。

查尔斯·狄更斯与爱伦·厄娜之间的关系最终如何处理，只有少数人知晓内情，且参与其中，但他们守口如瓶，始终不愿透露任何具体细节。她似乎一度拒绝狄更斯的求爱，却终究没能拗得过对方的坚持。据可靠消息，他曾以查尔斯·特林汉姆的名义，为她买了一栋位于佩克姆的房子。他的女儿凯蒂也曾透露，他与爱伦有过一个孩子，可此子似乎从未被人提及，因此我们推测，他或许早已夭折。爱伦的妥协没有让狄更斯得偿所愿、重获新生，反而让他备受相思之苦。他知道二十五岁的差距意味着什么，知道她并不爱自己的事实。他写下遗嘱，留给她一千英镑。后来，她嫁给了一位牧师，还告诉另一位牧师朋友，自己"十分厌恶这段亲密关系"，因为对方的穷追不舍，令自己压力倍增。作为弱势群体，她似乎甘心接受一切前提条件，以确保自己的地位，且始终认为自己没有理由做出任何回报。

与妻子感情破裂的同一时间，狄更斯开始在公共场合朗读自己的作品，为了坚持这份事业，他周游英伦列岛，再度远赴美国，并借助矫揉造作的天分，混得风生水起。然而，因为操劳过度和持续不断的旅途奔波，他的身体状况越来越差，仅是不惑之年，却显得十分苍老。

朗读并不是他的唯一事业。最后的十二年里，他先后撰写了三部长篇小说，还创办了一份非常受欢迎的杂志《一年四季》。与此同时，他逐渐丧失了精力，开始出现一些令人烦恼的病痛。人们劝他放弃，可他死活不肯，他依旧喜欢抛头露面，感受崇拜者们亲见偶像时的激动，倾听现场雷鸣般的掌声，享受随心所欲影响观众时的兴奋。或许，他甚至认为，爱伦可能会因为一场受万人追捧的演讲，对自己刮目相看，乃至更加喜爱。于是，他决定最后一次进行巡回演讲，可中途病得实在厉害，只好中断。他怏怏地回到盖德山庄，开始静心撰写《德鲁德疑案》。为了继续自己的演讲，他必须巴结活动经理，因此只能缩减篇幅，终于安排了十二场伦敦的演讲。

1870年1月，"圣詹姆斯官聚集了大量听众，入场和离场之时，全体听众皆起立欢呼。"返回盖德山庄后，狄更斯继续撰写自己的小说。直到六月的某一天，与乔吉娜单独用餐之时，他突然发病，人事不省。乔吉娜焦急万分，她即刻差人寻求医生的帮助，叫来狄更斯住在伦敦的两个女儿。次日，二女儿凯蒂按照姨妈的嘱托，将狄更斯将死的消息告知了他的妻子，然后便与爱伦·厄娜一起返回盖德山庄。

1870年6月9日，狄更斯与世长辞，葬于威斯敏斯特教堂。

5

马修·阿诺德写过一篇著名的文章，主张真正优美的诗歌必须具备严肃的品质，且正因乔叟的作品缺乏这一特质，所以阿诺德虽然没有吝啬溢美之词，但始终不愿承认他的伟大。阿诺德严格得有些过头，所以他面对幽默文学时，难免迟疑。可是我相信，他绝对不会承认：拉伯雷的幽默与弥尔顿昭示天道公正的强烈愿望，具备相同程度的严肃性。我可以理解他的意思，因为这是一条普遍的真理，不仅仅适用于诗歌。狄更斯的小说同样缺乏严肃的品质，所以我们承认其诸多优点的同时，始终心怀不满足的情绪。今天，假如我们以欣赏法、俄小说著作的眼光进行阅读，那么不仅上述作品，恐怕连乔治·艾略特的文章，也会给人非常幼稚的感觉。当然，我们不要忘记，他写的书，我们已经不怎么读了。时过境迁，物是人非，我们已经无法想象它们刚刚出版之时，读者们的心境。尤娜·波普轩尼诗写过一段话，足以证明这一点："亨利·希登斯太太偷偷看了一眼邻居杰弗里爵士的书房，发现他正低头趴在桌子上，抬起头来的时候，双眼已经饱含泪水。她赶忙致歉：'我不知道您听到了什么坏消息，或者因为什么而难过，否则我就不来了。是谁死了吗？''是啊，你说得没错，'杰弗里爵士回答，'我不该泄露此事，可我又实在忍不住。你要是听了，同样也会很难过。小内莉，博兹书里的小内莉死了。'"杰弗里是一位苏格兰法官，不但是《爱丁堡评论》的创始人，也是一位严格、刻薄的评论家。

时至今日，每次读到狄更斯的幽默，我仍然忍俊不禁。可面对那些感人的部分，我也始终无动于衷。我认为，他的情感虽然强烈，却并非发自内心。当然，我也没有贬损之意：他的确拥有一颗慷慨之心，一颗同情贫弱的怜悯之心，且一直保持着对社会变革的浓烈兴趣。可这只是一名演员的自我修养，因为他可以强烈感受到的那种情感，是他想要通过悲剧演员倾情出演的方式进行描绘的情感。"赫卡柏是他什么人？他又是赫卡柏的什么人？"说到这里，我想起一位曾任职于萨拉·伯恩哈特剧团的女演员，多年前她同我讲过一个故事。当时，这位伟大的艺术家正在出演《费德尔》，发表着最动人的演说。接着，她听到侧翼观众开始大声喧哗，顿时心烦意乱，痛苦万分。于是，她走向那些观众，背对着他们，尽力隐藏自己痛苦的表情，同时用法语低嘘了一句："闭嘴，肮脏的杂种们。"而后，她徐徐转身，摆出一副忧郁的姿态，继续挥洒慷慨的激情，一直持续到演出落幕，为观众留下深刻的印象。观众什么也没有察觉到，他们很难相信，这悲恸动人的激情演说背后，竟会没有丝毫真情实意。他们也没有意识到，演员的情绪只是一种职业操守，是一种生理活动的外在表现形式，因此完全不会影响演员的心境。我没有怀疑过狄更斯的真诚，但他的真诚只是演员的职业素养，或许这就是无论他如何堆砌愤怒的情绪，我们总感觉他的哀伤不怎么真实，也不怎么动人的缘故。

可同时，我们也无权过分苛求，硬要他拿出自己不具备的东西。既然狄更斯缺乏马修·阿诺德口中诗歌伟人不可或缺的严肃品质，那么他一定还有许多其他的优点，让我们顶礼膜拜。他是一位天赋惊人的小说巨匠，将《大卫·科波菲尔》奉为自己的得意之作，他心中最宠的孩子。通常情况下，作家们评判自己的作品之时，往往有失偏颇，可狄更斯的判断似乎非常准确。我们都知道，《大卫·科波菲尔》是一部自传，可狄更斯偏偏把它当作小说来写，其中大量的素材，虽说取自作者的生活经历，但各有用途，不作单纯记录，其他部分，则依靠其丰富的想象力进行生动创造。他不是一个好的读者，文学方面的交流只会令他心生厌烦，后半生的文学见闻似乎也没有对他产生多大的影响，而童年时期在查塔姆阅读的那些作品，反倒令他印象深刻。其中，我认为斯摩莱特的小说对他影响巨大，因为他塑造的人物，虽然没有超脱世俗生活之外的传奇色彩，却非常生动，与其说是角色，倒不如说是一个个特色鲜明的"人格"。

因此，狄更斯与斯摩莱特一样，善于观察。密考伯先生的原型是他的父亲约翰·狄更斯，此人爱说大话，面对金钱问题毫无诚信可言，可他并不傻，也绝非没有能力，确切地说，他十分勤勉、和善，富有爱心。假如文学史上最成功的喜剧人物是福斯塔夫，那么密考伯先生与他之间的差距便只有一步之遥。小说的最后，密考伯先生成了一名受人尊敬的澳大利亚地方官，许多评论家认为，这样的结局过于草率，缺乏远见卓识。可依我看，澳大利亚人烟稀少，密考伯先生又仪表堂堂、口若悬河，何尝不可进入官场。

不过狄更斯的高明之处不仅仅在于对喜剧人物的塑造：司悌佛手下油腔滑调的仆人，他身上神秘、邪恶的品质让人不寒而栗；乌利亚·希普既强大又恐怖，拥有大众化戏剧人物的典型特色。所以说，《大卫·科波菲尔》囊括了各种生动活泼、新颖独特的人物角色——

密考伯夫妇、辟果提和巴基斯、特拉德斯、贝特西·特洛伍德和迪克先生、乌利亚·希普和他的母亲，全部都源自狄更斯天马行空的想象，没有任何现实依据。可令人惊叹的是，他们不仅充满活力、始终如一，而且惟妙惟肖、真实可信，以至于读者完全不会认为他们是虚构的人物。他们或许并不存在，却活在每位读者心中。

狄更斯创造人物的惯用方法便是，夸大原型人物的特点、怪癖，赋予每个人物一句或几句口头禅，力求为读者留下深刻的印象。狄更斯笔下的人物始终如一，总的来说，他们开始是什么样，最后还是什么样（当然，其中也有例外，可这些例外人物的性格变化基本上是圆满结局的前情铺垫，无法令人信服）。这种方法的缺点便是难以把握尺度，作者一不留神就可能令原本牵强附会的情节变得更加不可置信，导致角色的刻画过分夸张，得不偿失。用这种方法尚可塑造一个可以令人捧腹大笑的角色（如密考伯先生），可要想招致同情和怜悯，恐怕便没什么作用了。狄更斯不擅长塑造女性角色，除了"永远不会离开密考伯先生"的密考伯太太，以及贝特西·特洛伍德之外，几乎全部是漫画夸张式的人物。无论是愚蠢、幼稚的朵拉（初恋情人玛丽亚·比德内尔），还是过分善良和敏感的艾格妮丝（玛丽和乔琪·贺加斯），都难逃枯燥乏味的命运。而小艾米莉，我认为简直是一大败笔。显然，狄更斯想要激起我们的怜悯之心：她毕生所求，只有跻身"上流"，可能还想收获斯提福兹的青睐，与他成婚。于是，他们私奔了，可她终究没有成为令人满意的情妇，终日郁郁寡欢、泪眼婆娑、顾影自怜，也难怪对方开始感到厌烦。《大卫·科波菲尔》之中，最令人困惑的女性角色当属罗莎·达特尔。我猜，狄更斯一定是担心触怒于公众，因此只能对她"轻描淡写"，不加以详细刻画。同时我也只能怀疑，她与斯提福兹发生过暧昧关系，因为对方离弃了她，所以一直心怀爱慕、痴迷、嫉妒与仇恨相互交织的复杂情绪。可以说，狄更斯创造的这几个人物，正合巴尔扎克的口味。

《大卫·科波菲尔》的众多主角当中，斯提福兹是唯一一位"本色出演"的人物。狄更斯笔下的斯提福兹具备诸多特点，令人印象深刻——魅力十足、风度翩翩、心地善良、讨人喜欢、乐观勇敢、自私无耻、鲁莽冷漠，是那种能够同时带来欢乐和痛苦的矛盾人物。狄更斯没有给他安排一个好下场。就这一点而言，我认为菲尔丁可能会更加宽容，因为奥诺太太提到汤姆·琼斯时说过："丫头们自己送上门来，哪能怪到小伙子们头上。他们除了遵循自然规律，肯定不会干别的。"今天，小说家一致认为，他们讲述的故事必须同时具备可能性和必然性。狄更斯生活的时代可没有这种限制，可谁能想到，多年以后，斯提福兹离开葡萄牙回归英国之时，竟会在距离雅茅斯不远的海域沉船身亡，而大卫·科波菲尔则刚好来此拜访老友。如果说只有斯提福兹的死才能满足维多利亚时代人们对恶有恶报的期待，那么狄更斯肯定也可以想出一个更加真实可信的方式让这一切发生。

6

过慧早夭的济慈、长命百岁的华兹华斯，是英国文学的两大不幸。而近乎悲剧的是，正当那些才华横溢的民族小说巨匠纷纷崭露头角之时，出版界开始限制他们的创作，鼓励结构松散、内容繁杂、偏离主题思想的商业文学，久而久之蔚然成风。维多利亚时代的小说家，不过是靠笔杆子生活的工人阶级。他们必须根据合同的要求撰写文章，分十八、二十或者二十四期连续供应。此外，他们还得精心编排，于每期结束之时为读者留下悬念，吸引他们继续购买下一期。毫无疑问，每位作者开始讲述故事之时，便已对主线情节了然于心。假如能够趁出版之前，写好两三期的内容，作者便会心满意足，待必要之时再撰写剩余部分，用以补充尚未完成的版面。可有时，我们也知道，他们的创造能力终究有限，即便当下没有东西可写，也必须硬着头皮写下去。有时，故事已经结束，可还有两三期内容要写的时候，他们便想方设法推迟结尾，最终导致文章结构松散、啰里啰唆，远远偏离最初立意，实在情非得已。

《大卫·科波菲尔》采用第一人称的写作方式，叙事风格直截了当，大大降低了读者对于复杂情节的理解难度，同时一定程度上解决了读者偏离故事主线，注意力分散的问题。然而，《大卫·科波菲尔》仍然存在一处明显的离题现象，即斯特朗先生与太太、母亲、太太的表妹之间关系的描写。这部分叙述枯燥乏味，同大卫没有什么关联。我猜，他或许是想通过这部分内容弥补时间上的空白，大卫前往坎特伯雷求学的那几年，以及大卫开始对朵拉感到失望一直到朵拉去世的那段时间。

小说家以自己为主人公撰写半自传体小说之时，难免将自己置于危险的境地，狄更斯也不例外。大卫·科波菲尔的继父非常严厉，因此他十岁时便被打发出去干活儿，查尔斯·狄更斯则拥有相同的际遇，甚至经历过与下等孩子们厮混在一起的"屈辱"历史。他竭尽全力，只为激起读者对主人公的同情，因此当大卫逃往多佛，投奔贝特西·特洛伍德姨婆之时，狄更斯毫不犹豫地掷出命运的骰子，让他吃尽苦头。不得不说，这段悲惨的逃亡经历，引起了无数读者的怜惜之情。可我似乎铁石心肠，无动于衷之余，甚至感到惊讶：他居然可以这么笨，任抢任骗毫无戒备之心。算起来，他的工厂生活也有好几个月，或早或晚也曾浪迹伦敦街头。我们可以想象：工厂里的其他孩子，即便没有达到社会标准，也可以向他传授一些最起码的社会经验。况且他还曾与密考伯一家同住，亲自典当过一些零碎物件，前往马萨尔监狱探望过他们一家。要是他真如狄更斯所说的那般聪明，那么即便年幼，也必然有所锋芒，对人情世故略知一二，懂得如何照料自己。可童年时期的大卫·科波菲尔似乎毫无能力可言，不知道如何解决生活的难题。他面对朵拉表现出的软弱、处理日常家务时表现出的无知，几乎没有人可以忍受。他反应迟钝，竟然猜不出艾格妮斯对自己的倾慕。因此，我始终无法说服自己相信：故事的最后，他居然以小说家的身份走向成功。我认为，他要是能写得出小说，一定颇具亨利·伍德太太的风格，而非查尔斯·狄更斯。更奇怪的是，我们透过大卫，几乎感觉不到狄更斯的干劲儿、活力与澎湃激情。眉清目秀、身形羸弱的大卫散发着与众不同的阴柔气质，十分惹人怜爱。他诚实、善良、勤勉认真，却是个实实在在的笨蛋。时至今日，他仍然是这本书中最没意思的人物。苏荷区的阁楼之上，大卫亲身目睹了小艾米莉和罗莎·达特尔之间可怕的一幕，将他的软弱无能展现无遗，而作者更是拿不出什么站得住脚的理由，解释主人公的毫无作为。通过这一幕，我们可以发现第一人称写作的缺陷，即作者可能会误入危险的境地，导致自己无法继续胜任主人公的角色，引起读者的强烈不满。而作者以上帝视角叙写这一幕时，虽然同样夸大其词、令人反感，但经历一番巧妙加工，也可以做到真实可信。然而，《大卫·科波菲尔》的阅读乐趣，并不在于我们可以通过狄更斯的故事获得人生感悟。《大卫·科波菲尔》是一部幻想之作，或喜或悲，皆是生活的本来面目。它包含着作者的奇思妙想、惬意温情、珍贵回忆和美好愿景，你必须拿出阅读《皆大欢喜》时的心情来阅读这本书，因为它带给你的，同样是令人愉悦的欢声笑语。

偏执执着的福楼拜
和因道德问题受到控诉的《包法利夫人》

1

众所周知，一个人可以写出什么样的作品，基本上取决于他是个什么样的人。因此，了解一位作家一生中的大事，是一件非常有必要的事情。福楼拜是个非同凡响的人物，我没有听过哪位作家能够如此热情、勤勉地将自己的全部奉献给文学艺术。福楼拜的身上并没有许多作家身上都有的那种活力，可他却有一种特殊能力，能够快速冷静下来，恢复体力。对于他来说，生活的意义就是写作，而不仅仅是活着。没有哪个寺院的僧侣能够像他一样，心甘情愿放弃人间享乐的机会，将全部的爱奉献给上帝。他放弃了物欲横流的花花世界，唯独倾心于文学创作。他既信奉浪漫主义，又信奉现实主义。介绍巴尔扎克时我说过，浪漫主义从根本上来说，是现实主义的对立面。因此福楼拜与其他浪漫主义者一样，渴望从虚无缥缈的奇幻世界、东方世界以及古代世界中寻求庇佑。所以，他痛恨现实，鄙视资产阶级吝啬、古板和愚蠢的同时，也为之而着迷。天性之中的某种特质强烈吸引着

他去关注那些自己最憎恶的东西。对他来说，人类的愚蠢既令人作呕
又魅力无边，通过揭示其中的丑恶，他便可以获得一种病态的快感。
如同抚摸身上的某一处伤口，虽然摸起来很疼，但又不由自主地想去
触碰，直叫人坐立难安。而他内心深处的现实主义观念，则审视着人
性，视其为一堆毫无价值的垃圾，他并没有从中寻找自己珍视的品
质，而是想尽一切办法向所有人揭示人类虚伪外表之下的卑劣之处。

2

1821年，古斯塔夫·福楼拜出生于鲁昂。父亲是一名医生，经
营了一家医院，与妻儿同住于此，一家人生活富裕、幸福美满，备受
邻里尊重。福楼拜的成长经历与同阶级的法国小孩没什么两样。上学
时，他喜欢与别的男孩子一起玩耍，经常偷懒，却读过许多文章。
他敏感脆弱，想象力丰富，跟其他所有敏感的孩子一样，时常会感
到孤独。"十岁时我就去了学校"，他说道，"很快就对人类产生了
强烈的厌恶。"这并不是一句玩笑话，年轻时，他便信奉悲观主义。
当时，浪漫主义已经走向成熟，而悲观主义正风靡一时。光福楼拜就
读的学校里，就发生了持枪自杀、用领带上吊的悲惨事件。他家庭富
裕，父慈母爱，姐姐对自己非常宠爱，朋友也对自己十分忠诚，可即
便如此，他仍然感觉活得煎熬、人类可恨，真是令人百思不得其解。

十五岁那年盛夏，福楼拜与家人一起去了当时只有一家旅馆的
海滨村庄——特鲁维尔度假，邂逅了热爱冒险的音乐发行商——莫里
斯·施勒辛格的妻子。福楼拜一见之下，情窦初开，他后来是这样描
述她的："她身材高挑，皮肤黝黑，乌黑亮丽的头发一直垂到肩头；

鼻子又高又挺，眼睛里似有一团熊熊燃烧的火焰，熠熠生辉；高高挂起的两道秀眉，弯弯如月，格外讨人喜欢；润泽的肌肤，如沐金光之下，散发着柔和的光辉；暗棕色的咽喉之处，隐隐可见弯弯曲曲的蓝色静脉；纤细的绒毛，加深了上唇的黯淡之色，为她的面容平添了几分充满活力的阳刚之气，直叫所有金发碧眼的美女都黯然失色。她语速不快，声音甜美而轻柔，说话讲究平仄。"pourpré一词，原意purple（紫色），可如果这样翻译，听起来似乎却没什么吸引力。福楼拜一定将它视为bright-hued（亮色）的同义词处理了。

伊莉莎·施勒辛格二十六岁，孩子正处于哺乳期。若非丈夫活泼开朗、善于社交，恐怕福楼拜是没有勇气和她搭讪的。一次，莫里斯·施勒辛格带他一起出行，机缘巧合之下，三人一起乘船出了海。福楼拜与伊莉莎则并肩而坐，还把手还放到了她的裙子上。甜美、动人的声音徐徐在福楼拜的耳畔回荡，令他异常紧张，瞬间便忘记了对方所说的一切。夏日将尽结之时，施勒辛格一家离开了，福楼拜也随即回到了鲁昂，返校读书，第一次开启了人生的激情之旅。两年后，他故地重游，意外得知伊莉莎也曾来过。对于福楼拜来说，两年前的自己或许只是情窦初开，心中的涟漪算不得真正的爱情。可如今，他的感觉已截然不同：一种源于雄性本能的渴望开始蔓延，可望而不可即的事实则令他的激情空前高涨。回家之后，他再次拿起荒废已久的《狂人回忆录》，开始续写那个情迷伊莉莎·施勒辛格的夏日故事。

福楼拜十九岁时便考上了大学，父亲为了嘉奖他，便安排他与克劳盖医生一起去比利牛斯山和科西嘉岛旅行。此时，他双肩宽阔，俨然已经长大成人，虽说身高不足六尺，但也是同龄人眼中的巨人。

因为相比于现在，当时法国人的身高普遍更加矮小。他身形单薄，体态中颇有几分优雅之气；如海水般清澈的双眼又大又亮，隐匿于浓密的黑色睫毛之下；长长的秀发向下垂坠，一直到与肩齐平。四十年之后，据一位认识福楼拜的女士所言，当时的他简直"美得不可方物，宛如希腊之神"。科西嘉岛之旅结束后，两人准备返程，却在途经马赛时，又临时决定在此游玩数日。某天清晨，福楼拜外出沐浴，归来旅馆之时意外发现一位妙龄女子正端坐院中，等待船舶靠岸将自己接回丈夫身边。该女子名为尤拉莉亚·傅科，丈夫是一位法属圭亚那的军官。福楼拜上前搭讪，很快便与该名女子熟络起来，两人相谈甚欢，顺理成章地度过了春宵一夜，据福楼拜本人的描述，那一夜的激情，如同冰雪世界中的落日般壮美。离开马赛之后，两人再未相见，可福楼拜却一直都对此念念不忘。

不久之后，福楼拜前往巴黎学习法律，他本不想成为律师，但不得不在严峻的就业问题面前选择妥协。对于他来说，大学生活和法律书籍一样枯燥乏味，同窗们也都是些平庸、做作，拥有资产阶级品位的低俗之人。为了打发无聊的大学时光，他写了一部名为《十一月》的中篇小说，写下了自己和尤拉莉亚·傅科的一夜风流。不过书中的尤拉莉亚·傅科，却被赋予了伊莉莎·施勒辛格的诸多特征：弯弯如月的两道秀眉、性感的上唇、纤细的淡蓝色绒毛以及有魅力的脖颈。后来，他前往出版商的办公室进行拜访，再次联系到了施勒辛格夫妇，还接受了对方共进晚餐的邀请。上次相见之时，福楼拜还只是个乳臭未干的青涩少年，而此刻，他已然长成一个英俊潇洒、欲望强烈的成年男子。福楼拜与施勒辛格夫妇一见如故，很快便与二人建立了亲密的关系，还经常与他们一起外出旅行、共进晚餐。可福楼拜懦弱胆怯的性格没有丝毫改变，很长一段时间内，他都没有勇气向伊莉莎表达自己的爱意。最后，当他终于怀着惴惴不安的心情吐露真情时，伊莉莎非但没有生气，还曾明确表示，自己并不打算与他发展好朋友之外的暧昧关系。而伊莉莎之所以如此忠贞，全因一段非常有意思的过往。与福楼拜初次相遇之时，所有人都以为她是莫里斯·施勒辛格的妻子，可事实却并非如此。她的丈夫是一个名为埃米尔·朱迪亚的男子，因为诚信问题而深陷困局。而正当他一筹莫展、山穷水尽之时，施勒辛格便以对方离开法国、抛弃妻子为条件，挺身而出助他免受诉讼之苦。埃米尔·朱迪亚接受了他的条件，于是施勒辛格与伊莉莎·朱迪亚便顺理成章地生活在了一起。可由于当时法国并无离婚的先例，所以直到1840年丈夫离世，伊莉莎才得以再婚。人们常说，虽然伊莉莎离开了自己的丈夫，也没有见到对方的最后一面，却一直深爱着他。而如今的施勒辛格，既是伊莉莎的家庭依靠，又是孩子们的父亲，所以对于福楼拜的追求，她必然犹豫不决。可福楼拜的攻势非常猛烈，而她也意外地发现，自己的丈夫已经情寄他处。于是，或因福楼拜孩子般的执着，她终于有所动容，与对方相约在他的公寓私会。这一天，福楼拜翘首以盼，内心焦急万分，可伊莉莎最终还是没有现身。这便是福楼拜的传记作者们，以《情感教育》中的部分内容为基础，想象出的一段故事。这段故事已经得到文学界的广泛认可，情节逻辑十分合理，因此很有可能是一段真实的记述。不过可以肯定的是，伊莉莎与福楼拜从未发展为情人关系。

　　1844年，一场突如其来的变故影响了福楼拜的一生，他的文学创作生涯也因此而经历了历史性的转折。那是一个漆黑的夜晚，福楼拜与哥哥（福楼拜的哥哥比福楼拜年长九岁，继承了父亲的衣钵）一起拜访了母亲名下的一处住宅，准备星夜兼程返回鲁昂。突然，毫无征兆，福楼拜"感觉自己仿佛置身火海，一阵眩晕后重重摔倒在地"。当他醒来时，发现哥哥已将自己带到附近的一户人家，且正在为自己放血，他定睛一看，眼见自己已经浑身沾满血迹。随后，哥哥又将他带回鲁昂，由父亲再次为他放血。他服下了缬草与木蓝，父亲则严令禁止他再沾染烟酒荤腥。这样的症状持续了好长一段时间，偶尔突然发作，令福楼拜痛苦难耐。几天几夜的折磨之后，福楼拜已近乎癫狂。没有人知道他到底得了什么病，医生们也纷纷从不同角度探讨过他的病情，几乎毫无定论。部分医者坦言他患上了癫痫，刚好印证了朋友们对他的猜测。侄女的态度非常奇怪，说到这段往事时一直保持沉默，不愿多提一个字。而雷内·杜梅尼勒医生（亦是一位研究福楼拜的作家），则断言福楼拜的病症并不是癫痫，而是"癔症癫痫"。但无论什么样的病症，治疗手段都千篇一律，所以病症前期，福楼拜常年服用硫酸奎宁，垂垂老矣之时，才改用溴化钾制剂。

病魔的攻击或许并没有出乎福楼拜家人的意料。传言说，他曾向莫泊桑坦言自己十二岁时就出现过视听方面的幻觉。为了治疗他的疾病，父亲决定改变他的生活环境，所以福楼拜十九岁那年便在一名医生的陪同下，踏上了恢复之旅。或许当时，他就已经有了一些患上癫痫的苗头。福楼拜一家生活富裕，但由于来自外乡，骨子里仍有些刻板、节俭的印记。如果说仅仅因为自己的儿子考上了大学（对于受过教育的法国学生来说是一件司空见惯的事），就让他在医生的陪同下外出游玩，那还真是出人意料。福楼拜的生活可以说无拘无束，可从小到大，他一直觉得自己与身边的人格格不入，或许正是这神秘的疾病，导致他少年时期一直沉浸在忧郁和悲观的情绪当中，甚至后来，还影响到了他的神经系统。可无论怎样，他都必须面对自己已罹患恐怖疾病的这一悲观事实，接受这无法预测、突如其来的病魔攻击，同时改变自己正常的生活模式。于是，他胸怀足够乐观的心态，决定放弃法律，甚至永不结婚。

1845年，福楼拜的父亲离世，两个月（或三个月）后，他唯一敬爱的姐姐——凯洛琳刚生下女儿，也不幸离世。结婚前亲密无间、视彼此为挚爱的姐弟二人，如今顿时阴阳相隔。

福楼拜的医生父亲早在去世之前，便买下了塞纳河畔一座拥有两百多年历史的石屋——克鲁瓦塞。房屋的正前方设有露台，坐在露台的亭子中则可以俯瞰塞纳河风光。自父亲去世后，母亲、侄女（凯洛琳的女儿）和福楼拜便一直住在这里。已婚的哥哥阿希尔则继承了父亲的衣钵，继续维持鲁昂医院的运营。福楼拜在克鲁瓦塞度过了他的后半生。很小的时候，他便一直断断续续地进行写作，如今，病痛的折磨已经剥夺了他正常生活的能力，所以他下定决心寄情于创作，一心一意从事自己的文学事业。他在靠窗可以望到塞纳河和花园的地方，为自己选择了一间宽敞的办公室，位于克鲁瓦塞的一楼，每天按部就班地忙碌着：十点钟左右，起床读信读报；十一点钟左右，吃些简餐，之后前往露台踱步或凉亭读书；下午一点钟，开始工作；七点钟享用晚餐，之后再去花园里散步片刻，回到办公室继续工作直到深夜。除了自己主动邀请前来探讨作品的几个好友，他几乎从不接见任何人。而这些常客之中，有三位与福楼拜往来甚密：一为阿尔弗雷德·勒·普瓦特万，年纪略长，是家中亲人的好友；二为马克西姆·迪康，是福楼拜于巴黎研修法律时结识的好友；剩下一人则为路易·波耶，是位热爱文学的诗人，在鲁昂教授拉丁语和法语课程，以此勉强度日。福楼拜平易近人，对待朋友十分热情，可同时又过分苛求，占有欲异常强烈。勒·普瓦特万对福楼拜影响颇深，因此当他与一位名为莫泊桑的女士结婚时，福楼拜表现得十分恼怒。"这件事情对我来说，"他说道，"就像一位忠实的信徒听闻自己信奉的主教出现了莫大的丑闻。"

凯洛琳离世后，福楼拜铸造了她的面容和双手模型，过了几个月，又前往巴黎找到了著名雕塑家帕拉迪尔，委托对方为自己的姐姐塑造半身像。他来到了帕拉迪尔的工作室，并在此邂逅了露易丝·柯莱。露易丝可谓文学界的一类典型人物，她认为自己的姿色抵得上创作之才，足以帮助自己在文学界立足，而事实也确实如此，她的私人沙龙"The Muse"甚至是当时社会名流们频频光顾的热门场所。露易丝是一名已婚妇女，她的丈夫名为希波利特·柯莱，是个音乐教授。此外，她还有个情人（维克多·库辛，政客、哲学家），并与此人育有一子。她长发垂髫，面庞因此而显得精致有型；她的声音也十分轻柔，似有款款深情包含其中。她三十好几，却对外宣称自己只有三十岁，而此时的福楼拜才刚刚二十五岁，风华正茂。福楼拜初见此人，既紧张又兴奋，甚至还因此闹出了一些小小的不愉快。可不到两天，他就成了露易丝的情人。当然，对于露易丝来说，福楼拜并不能取代那位深情的哲学家，因为据她本人所说，她与维克多之间虽然保持着柏拉图式的恋情，但也得到了外界的广泛认可。三天之后，福楼拜与露易丝挥泪告别，随即便回到了克鲁瓦塞。当天夜晚，他第一次给露易丝写信，写下了一连串的深情告白，告白的内容也十分离奇，似乎完全不像是写给情人的东西。他将这份爱意埋藏在心底，一直到几年后，才向埃特蒙德·德·龚古尔透露了自己曾"疯狂"迷恋露易丝·柯莱的事实。可福楼拜向来喜欢夸大其词，而且他写的那些信也确实无法证明他的爱意曾经到底有多浓烈。或许对于福楼拜来说，拥有一个颇受公众瞩目的情人是一件十分值得骄傲的事。他一直活在自己的想象当中，而且或许也已经发现，自己实际上就是一个喜欢白日做梦的空想家，因为对他来说，相比于朝夕相处，分居两地时的爱欲往往来得更加浓烈。福楼拜藏不住话，于是便向露易丝坦言了自己的困顿。露易丝催促福楼拜尽快来巴黎定居，可福楼拜却告诉她，自己的母亲仍然沉浸在失去至亲的悲痛当中，此时实在不忍弃她而去。露易丝自然不愿强人所难，于是便请求福楼拜常来巴黎探望，可福楼拜又说，除非自己拥有合情合理的借口，否则仍然不便离去。露易丝十分愤怒，于是又反问福楼拜："所以说，现在的你就是个需要被人监护的小女孩吗？"露易丝说得没错，此时福楼拜的癫痫症状频频发作，好几天都搞得他有气无力、郁郁寡欢，十分需要母亲的照料。焦急万分的母亲，明知自己的儿子喜欢游泳，却仍然不得不禁止他下水，禁止他在无人看护的情况下于塞纳河上泛舟。每当他按下呼叫铃，示意用人为自己拿什么东西的时候，母亲都会第一时间上楼查看他的身体状况。他告诉露易丝，母亲或许不会反对自己外出几天的小小请求，但她却一定会为此而忧心不已。露易丝知道，如果福楼拜真的爱她，那么这些事情绝对不足以成为他们相见的阻碍，因为寻找一个前往巴黎的合理借口简直易如反掌。福楼拜年纪轻轻，若非长期使用镇静剂，使他的性欲大减，他又怎能忍受这么久才去巴黎探望一次自己的情人呢？

"你所认为的爱情并不是真正的爱情，"露易丝写道，"因为无论发生什么，它于你的生活而言都无足轻重。"对此，福楼拜的回答是："你只是想知道我爱不爱你对吗？当然，我爱你，我会尽全力爱你。可我的人生当中，爱情并不是排第一位的。"福楼拜为自己的坦率直言而自豪，殊不知在他人眼中，这只是一种鲁莽的表现。一次，他请求露易丝向她住在卡宴的好友打听尤拉莉亚·傅科的近况，还拜托对方帮他传递信件，而这位傅科小姐，正是他在马赛时的追求对象。露易丝愤怒地接受了福楼拜的委托，而福楼拜也丝毫没有掩饰自己的惊讶之情，甚至还向露易丝讲述了几次嫖娼的经历。据福楼拜本人所说，他似乎非常喜欢嫖娼，且常常就此而夸夸其谈。我们都知道，男人最大的谎言便是自己强大的播种能力，而福楼拜的豪言壮语，或许恰好印证了他不具备性功能的这一事实。所以说，他对露易丝表现出的那种漫不经心的态度也实属正常。一次，在露易丝的坚持下，福楼拜最终同意相见。他建议露易丝清早从巴黎出发，自己则从鲁昂出发，一同前往芒特的一家旅馆，享受一个下午的欢聚时光，如此一来，自己还可以赶在天黑之前回到家中。可他没想到的是，露易丝竟勃然大怒。两年期间，二人见面的次数一共才只有六次，而这段恋情此时也终于走到了尽头，显然，分手一定是露易丝提出的。

在这段纠葛不清的关系维续期间，福楼拜一直都在撰写一部酝酿已久的小说——《圣安东尼的诱惑》。而根据母亲的安排，这本书一旦完成，福楼拜就要与马克西姆·迪康前往近东地区旅游。因为阿希尔（福楼拜的哥哥）与克劳盖医生（科西嘉岛之旅的那位游伴）一致认为，旅居温暖的国度对福楼拜的身体健康大有裨益。作品完成后，福楼拜邀请迪康和波耶来到了克鲁瓦塞，希望能够将这本书读给他们听。连续四天，每天八个小时，他们都在房中认认真真地读书、听书。且根据之前的约定，书未读完之前，任何人不得就此发表任何意见。所以到了第四天晚半夜，福楼拜刚刚读完，便一记重拳砸到了桌子上问道："如何？"其中一人则答道："扔到火堆里去吧，别再向人提起了。"这句话对于福楼拜来说，无疑是一次毁灭性的打击。他们争论了好几个小时，最终还是得出了同样的结论。此时波耶建议，既然巴尔扎克是福楼拜的榜样，那么他理应向偶像看齐，写一部现实主义题材的小说。经过一夜的讨论，直到早晨八点，三人才准备上床睡觉。当天下午，他们又继续开始谈论昨日的话题。而根据马克西姆·迪康的《文学回忆录》，《包法利夫人》正是此时由波耶所提出的。可后来福楼拜与迪康一同旅行时，曾向家人写信叙述了自己正在构思的诸多小说，其中并没有《包法利夫人》的故事。因此我们猜测，一定是迪康的记述有误。那次旅行中，两人先后造访了埃及、巴勒斯坦、叙利亚、希腊，直到1815年才回到巴黎。回家之后，福楼拜仍然不知道自己应该如何动笔，而欧仁·德拉玛的故事或许正是此时由波耶提出的。德拉玛是鲁昂一家医院的内科（或外科）住院医师，且经常前往附近的一个小镇治病行医。他的第一任妻子是个年纪很大的寡妇，妻子死后，他便另娶了一个农场主的女儿为妻。第二任妻子年轻漂亮，却十分做作，花钱毫无节制。她很快便厌倦了自己毫无情趣的丈夫，结交了好几个情人，还经常大手大脚地为自己买衣服，最终因负债累累、无力偿还而选择了自我了断。而德拉玛也随即结束了自己的生命。众所周知，福楼拜对这样的小型悲剧故事十分感兴趣。

福楼拜返回法国不久之后，便与露易丝·柯莱再次相遇。在没有福楼拜的这段日子里，露易丝的生活逐渐陷入了困局：丈夫离世，维克多停止了对她的经济支援，创作的剧本也无人问津。她给福楼拜写信，告诉对方自己即将离开英国回到巴黎，途中还将经过鲁昂。后来，他们见了面，恢复了书信往来。不久之后，福楼拜甚至来到了巴黎与她重修旧好。其中缘由，直叫人百思不得其解。此时，金发碧眼的露易丝已年过四十，而且她自视甚高，不愿化妆，所以显得格外苍老。或许这次狄更斯动容了，因为露易丝是唯一对他动过真心的女人，又或许他认为两人之间为数不多的舒适性爱足以令他重拾生理上的自信，所以即便露易丝毁掉了所有的信件，福楼拜也仍然舍不得将它们抛弃。而根据这些书信的内容，我们不难看出，露易丝简直毫无长进：一如既往地专横跋扈、吹毛求疵，毫无情趣可言。与此同时，她写的信也变得越发尖酸刻薄，要么继续要求福楼拜尽快前来巴黎相见，要么坚持让对方同意自己前往克鲁瓦塞的请求。而福楼拜也继续寻找着这样那样的理由，阻止她来到自己身边。他写的信基本上在讨论文学话题，信末的情感寄语也常常是在敷衍了事。他们之间对话的内容，曾一度围绕《包法利夫人》这本书的艰难进展而展开，因为福楼拜当时正一心专注于这本书的创作。露易丝隔三岔五也会向福楼拜寄送自己亲自创作的诗歌，可福楼拜的回复却大都是些严厉的批评。

毫无疑问，两人之间的关系最终走到了尽头，而导火索便是露易丝的鲁莽。为了给女儿一个完整的家，维克多·库辛决定向露易丝求婚，可露易丝不但拒绝了对方，还将自己拒绝求婚的事情告诉了福楼拜，让他知道自己是因为他才提出的拒绝。露易丝已决定嫁给福楼拜，却不小心向朋友透露了自己的心思。福楼拜听闻此事大惊失色，后来在一连串激烈的争吵过程中魂飞魄散、颜面尽失，并扬言与露易丝永不再见。可露易丝依旧心有不甘，她来到克鲁瓦塞大闹了一番，最终被福楼拜扫地出门。现场状况之惨烈，直叫福楼拜的母亲无颜相看。作为一个女子，露易丝虽然只愿相信自己愿意相信之事，但"The Muse"沙龙的所有人最终还是欣然接受了露易丝已经与福楼拜和平分手的事实。后来，她又以拙劣的文笔写了一部用来诋毁福楼拜的小说，实现了自己的复仇计划。

3

两位朋友自近东地区而返之后，马克西姆·迪康便来到巴黎定居，购买了一份《巴黎半月刊》的股权。随后，他又前往克鲁瓦塞，请求福楼拜与波耶为自己著书。福楼拜去世之后，他还专门出版了两卷内容翔实的回忆录——《文学回忆录》予以缅怀。所有研究过福楼拜的作家都曾从这两本书中获益匪浅，可这些人似乎毫无感激之情，甚至还出言中伤这两本书的作者。迪康写道："这世上的作家有两种：一种视文学为方法；另一种视文学为目的。本人则属于前者，且一直以来都属于前者。我从不奢望文学能够为我带来何种收获，但求一颗热爱文学、发展文学的赤子之心。"因此，马克西姆·迪康所属的那一类文人，实际上为数众多。他们与文学之间存在天然的亲和，不仅热爱文学，而且才华出众、品位卓然，唯一的缺点，便是缺乏创造天分。年轻时，他们或许能够写出质量上乘的诗歌或小说，可辗转数年，创造力枯竭之后，他们便倾向于一种更加安逸的写作方式，继续追逐自己的文学梦想——他们写书评、写杂志，为已故之人写传记，就文学课题写论文，最后再像迪康一样，写回忆录。他们对文学的贡献举足轻重，且由于他们文辞优雅，所以其作品也常常令人赏心悦目。虽说福楼拜经常挖苦迪康，可我们却完全没有理由这样做。

一些人说，迪康对福楼拜心怀妒忌，可我认为，这样的说法不太合理。因为回忆录中，迪康曾这样写道："我从来没有想过要与福楼拜一较高低，以此来提升自己的身价，也从未心有不甘，质疑过他比我强的这个事实。"而这句话，绝对是他的肺腑之言。早在童年时期，福楼拜便与迪康住在同一拉丁教区。福楼拜还在读法律的时候，迪康就与他一直保持着亲密关系。他们在同一家廉价餐厅就餐，在同一家咖啡厅无休止地探讨文学课题，后来，又一起前往近东地区旅行，在地中海的船上晕过船，在开罗醉过酒，在艳遇不期而遇之时嫖过娼。福楼拜是个难相处之人，面对别人的反对意见，他往往毫无耐心，有时还会勃然大怒。可即便他有千般万般的不是，迪康依然真诚相待，认为他是一位了不起的作家。且正因他十分了解福楼拜，以至于有时根本无法忽视对方的缺陷。所以，他对待这位儿时好友的态度，自然不像那些狂热崇拜者一般敬重有加，而那些不知其所以然的外人，也就免不了借题发挥，无情对他展开攻击。

迪康认为，福楼拜不应将自己局限于小小的克鲁瓦塞，为此，他还多次登门拜访，想方设法劝他到巴黎定居。因为在那里，他不仅可以认识新朋友，体验资产阶级知识分子的丰富生活，还可以与作家同僚们交流观点，以此来拓宽自己的思路。而且从表面上看，定居巴黎的好处简直数不胜数。小说作家必须外出历练，亲自寻找创作素材，而不是守株待兔，等着故事自己送上门来。福楼拜的圈子过于简单，因此，他对外面的世界知之甚少，与他关系紧密的女性，似乎也只有母亲、施勒辛格和露易丝。福楼拜独断专行，是个急性子，不喜欢别人干涉自己的生活。可迪康偏偏喜欢多管闲事，还从遥远的巴黎给他写信，说他如果继续维持这样狭小的生活圈子，很快便会患上脑软化病。福楼拜见信勃然大怒，一辈子都没有忘记这番话，因为这正是他屡遭病痛折磨后，一直不愿提起且极度担心的事情。而他向露易丝写的那份信中也曾提道，自己很有可能在四年之内变成一个傻子。后来，福楼拜愤怒地向迪康回了信，说自己现下的生活十分安逸，根本不屑与巴黎文学圈那些见钱眼开的作家同流合污。从那以后，两人便渐渐疏远，虽然也曾重修旧好，但关系终究没有以前那么亲密了。迪康在当代文坛十分活跃，因为他迫切希望为自己争得一席之地。他坦言自己的志向，却引得福楼拜十分不满："他已不是我们中的一员。"之后的几年，除了偶尔批评，福楼拜几乎再没提过迪康的名字。他鄙视迪康的作品，讨厌他的风格，认为他借鉴其他作家的行为十分可耻。可有一件事福楼拜十分欣赏，那便是他在自己的杂志上印发了波耶根据罗马题材所写的三千行长诗。所以后来，《包法利夫人》完成后，福楼拜也同意将这本书放到《巴黎半月刊》上进行连载。

路易·波耶一直都是福楼拜最亲密的好友，相比于其他人，福楼拜往往更愿意接受他的意见，因为他始终一厢情愿地认为，波耶是一位伟大的诗人。波耶可谓福楼拜的一言之师，没有波耶，或许《包法利夫人》便不会问世，又或许即便问世，也可能是迥然不同的另一副模样。波耶认为这本书潜力巨大，而福楼拜也正是在他的坚持不懈的劝谏下，才完成了故事梗概。关于这一段往事的具体细节，读者可以参考弗朗西斯·史蒂穆勒的著作《福楼拜与包法利夫人》。1815年，福楼拜三十岁，正式开始了这本书的创作。除《圣安东尼的诱惑》之外，福楼拜早期较为重要的那些作品，均带有十分强烈的主观色彩，其中的故事都源于他真实的情感经历。而此时，他的目标是严格地保持客观。他决定记录真相，摒弃一切歧视和偏见，客观地叙述事实、揭示人物性格，做到绝对中立：如果同情某个人物，那便将这份同情压在心底；如果一个愚蠢之人惹恼了他，而另一个邪恶之人又激怒了他，那也不能将自己的愤怒落笔成文。就这一点而言，福楼拜基本上获得了成功，所以读者才能在读他的小说时，感觉到他语气中的冷漠。可这种不偏不倚的绝对客观，又显得冷冷冰冰，没有丝毫人情味。虽然我很难做到这一点，但作为一个读者，我依然认为：作者与读者情感上的共鸣是一件十分舒服的事情。

然而，福楼拜与其他所有的小说家一样，根本无法完全保持客观。一位优秀的作家，往往会让他笔下的人物以言谈举止自证性格，而当他意在吸引读者关注女主人公或反派人物时，又可能会将小说中的自己刻画得一无是处，比如让自己变得满口仁义或语无伦次，换句话说，他自己也是小说人物中的一员。这只是一种常用的写作手法，许多优秀的作家都曾用过，因此不能说它不好，只能说它在当时显得有些过时。可避免使用这种方法的作家，也只是表面上置身于小说之外，然后再毫无章法地通过题材的选择、人物的选择以及人物的观点来体现自己的性格。福楼拜个性偏执，对这个世界充满了愤慨，无法忍受愚蠢。无论资产阶级、普通平民的事物，都会让他变得十分恼怒，且毫无同情和怜悯之心。成年之后，他饱受病痛的折磨，又因瘟热而倍感屈辱，他的精神也时刻处于躁动不安的状态。我曾说过，福楼拜同时信奉浪漫主义和现实主义。他沉溺于爱玛·包法利的龌龊故事，在贫贱的世界中摸爬滚打，宣泄着自己对于生活的极度不满。除了微不足道的拉里维耶，我们在这部五百多页的小说中几乎找不到另一个可圈可点的人物。无耻、下作、愚蠢、微末、俗不可耐、小肚鸡肠，大多数人一无是处。更令人难以想象的是，一个村庄，虽说小到不能再小，却也很难找到一个，哪怕两三个理智、热心的正常人。我想，在这部小说里，福楼拜并没有做到绝对的客观。

他原本的目的，是挑选一组普普通通的人物，再根据他们各自的性格特征和生活环境设计出一系列自然而然便会发生的故事情节。同时他也十分清楚，如此枯燥无味的人物或许根本无法引起读者的阅读兴趣，而那些他必须要讲述的故事也很可能让人食之无味。那么他如何解决这个难题呢？我稍后再讲。在此之前，我先谈谈他有哪些成功之处。首先，福楼拜刻画人物的手法可谓登峰造极，他笔下的人物十分鲜活，哪怕初次相遇，我们也会不由自主地相信，他们就是实实在在、我们所熟知的那一类人——管道工人、杂货铺老板、医生。对于这一类人，我们早习以为常，所以便不会去想，他们其实只是小说中的虚构人物。就以郝麦先生为例，他是法国人民再熟悉不过，且与麦考伯先生同样幽默的一位小说人物。可就像我们永远都不会相信麦考伯一样，我们对郝麦拥有十足的信任，因为他始终表里如一，向我们呈现出了真正的自己。而另外一个人物——爱玛·包法利，我认为无论怎么看，她都不像是一个普通农民的女儿。虽说从她的身上，可以看到我们都曾幻想过的美梦——化身浪漫故事中的男（女）主人公，坐拥家财万贯、天资绝色、走上人生巅峰。可我们与她的区别在于，我们都过分理智、谨慎，且缺乏冒险主义精神，而爱玛却始终追逐着自己的幻想，是同类美人中独一无二的存在。我们都知道，这部小说一经出版，便因道德问题受到了控诉。我曾读过公诉人与辩护律师的陈述词，公诉人引述了小说中的好几个段落，称这些内容过分色情，有伤风化。如今，那些男女交欢的情节，我们早已司空见惯，所以相比之下，他们那种拘泥保守的态度反倒成了我们嘲笑的对象。可即便如此，我们还是无法相信，1875年的公诉人在面对这些文字时，竟是如此一副震惊的模样。另外，辩护律师则坚称这些内容是必要的情节，且整部小说的道德寓意是积极向上的，因为包法利夫人最终因为自己的龌龊受到了惩罚。最后，法官们接受了辩护一方的说辞，并宣布被告人无罪。然而，读过这部小说的人都知道，爱玛·包法利之所以未得善终，并不是因为她与人通奸（毕竟当时通奸的罪名并不足以让人丧失生活的希望），而是因为她负债累累，且无力偿还。可以想象，如果她能够像诺曼农民一样，拥有勤俭持家的生存本能，那么也不至于万花丛中过，满身累伤痕。

《包法利夫人》一经出版，便受到了广大读者的热烈欢迎，迅速登上畅销排行。可评论家们，不是对它怀有敌意，便是对它不置一词。与此同时，一部名为《范妮》的小说悄然问世，莫名其妙地成了当时评论家们重点关注的对象，它的作者是一位名不见经传的作家，名为欧内斯特·费多，简直匪夷所思。不过后来，由于《包法利夫人》的公众反响实在令人印象深刻，且对后世的小说家也产生了深刻的影响，因此评论家们才深觉义不容辞，开始认真对待这部著作。

与其说《包法利夫人》是一部悲剧，倒不如说它只是一个不幸的故事。因为不幸的故事纯属偶然，而悲剧却会因小说人物各自的性格最终走向必然。爱玛的噩运可谓罄竹难书：虽说貌美如花、魅力十足，却无奈下嫁毫无情趣的愚夫——夏尔·包法利；虽想生个儿子弥补自己婚姻的不幸，却生了个女儿，令幻想再次破灭；第一位情人自私、残酷，让她伤透了心；第二位情人小肚鸡肠、唯唯诺诺，让她失望透顶；当她近乎绝望，试图向乡村牧师寻求帮助和指引时，却发现对方竟也冷酷无情、愚不可及；当她债台高筑、面临诉讼，自降身段向罗道尔夫伸手要钱时，却又没能如愿（可事实上，对方本有意相助，却刚好手头没钱；也没想到自己可以凭借良好的信誉，向律师借这笔钱）。按照情节的发展，福楼拜最后不得不以爱玛之死结束了整个故事，可必须承认的是，这样的方式简直令读者大跌眼镜。

《包法利夫人》的核心人物是爱玛，但这部小说却以包法利的青葱岁月和第一次婚姻开头，以他的崩溃和死亡而结尾，因此有人说，这或许是福楼拜的一处失误。但我认为，或许福楼拜是将爱玛·包法利的故事比作了一幅画，而丈夫的故事则是这幅画的画框，其作用是与前者共同构成一件完整的艺术作品。而且，如果它的结局没有那么随意或武断，我可能会更加确信我的想法。书中的夏尔·包法利，从头到尾始终都是一副软弱无能、毫无主见的形象。可福楼拜却告诉我们，爱玛离开后，心如死灰的包法利变得争强好胜、放浪形骸、固执己见，转变之快实在匪夷所思。他虽然愚蠢，但也不至于枉顾患者的安危、渎职渎责，因为他毕竟还需要钱来养活自己的女儿，偿还爱玛的负债。所以说，就这一点而言，福楼拜并没有交代清楚事情的前因后果，只是一言以蔽之，实在过于笼统。最后，正值壮年的包法利死了，而他唯一的死因，便是福楼拜想要尽快结束这个故事，毕竟这本书已经写了整整五十五个月。我们可以清晰地看到，包法利对于爱玛的思念和回忆，已经随着时间的推移渐渐模糊。此时，一定有人不禁自问，福楼拜为何不让包法利的母亲，像第一次安排婚姻一样，让包法利结第三次婚呢？如此，不是会令爱玛的故事更加虚妄，不是更符合福楼拜一贯的反讽风格吗？

　　一部小说作品，就是一系列情节的安排，并通过这些情节引出一系列人物，从而吸引读者的阅读兴趣。写小说并不是照搬生活，因此小说中的对话也不可能从现实生活中进行复制，而是需要经过精简、浓缩，从而言简意赅、准确无误地表达出作者最基本的观点，并吸引读者的注意。同时，小说还必须省略无关紧要的情节，避免重复赘述（矛盾的是，生活中往往充满了一模一样的事物）。此外，现实生活中那些彼此孤立的事件之间往往存在一段很长的时间间隔，而在小说中，我们则必须缩短其间隔，让这些事件彼此衔接，呈现出一定的逻辑关系。小说不可能完全写实，至于那些常见的虚构情节，读者也早已司空见惯，能够理所当然地接受。小说家也不可能如实叙写生活，而只会向读者描绘一幅画面。如果他信奉现实主义，则会尽量让这幅画栩栩如生。假如你相信了他，他便达到了自己的目的。

总体而言，《包法利夫人》的故事给人一种真实感，且随着阅读的深入，这种真实感还会越来越强烈，因为福楼拜塑造的人物都非常生动，对于细节的刻画也十分精准。婚后的爱玛在一个名托斯特的村庄度过了四年的枯燥时光。这里的生活，每天都异常乏味，令她十分煎熬。然而，为了保持全书内容之间的平衡，福楼拜必须以同样的情节发展节奏，详细描述这一段无聊的故事。此时，要想持续吸引读者的目光绝非易事，但如此长篇大论，一经福楼拜之手，读起来竟也颇有意思。事实上，福楼拜在此叙述的，都是一些无关紧要的繁杂琐事，可正是这些微末琐事，让读者时时刻刻充满了新鲜感。爱玛的所作所为、所思所想、所见所闻，虽然平庸至极，却也生动反映了她内心的烦闷，让读者感同身受。全书只有一处刻板的描述，即包法利夫妇移居永镇后的那段生活。而剩下那些关于村庄和小镇的优美刻画，与大大小小的故事相互穿插，趣味性极强。福楼拜善于通过故事情节引出故事人物，并随着故事的不断推进，带领我们了解他们的内在与外在、他们的生活模式和生活环境，而这也是我们在现实生活中逐渐了解他人的方式。

4

往前翻几页，你就会发现，福楼拜在开始写作时通常十分清楚，如果自己坚持塑造一个平平常常的普通人物，那么很有可能会写出一部枯燥乏味的作品来。因此，他十分注重自己的写作风格，认为只有通过优雅得体的文风，才能掩盖故事主题与故事人物的庸俗本质。我不清楚这世上有没有天生的体裁家，但现在看来，福楼拜明显不是。听人说，他早期未及出版的那些作品，尽是些长篇大论、辞藻华丽的空洞文章。人们普遍认为，他书信中所使用的语言并没有彰显出他母语的优雅气韵和独立特色。可我认为，这绝对不是真的，或者即便是真的，也完全情有可原。因为这些书信，或者说大部分书信是福楼拜经历一整天忙碌之后，深夜伏案所写，且未经修改，便送到了收信人手中。虽说拼写错误和语法错误时有发生，俚语和俗语也偶尔出现，但信中那些简短的场景描写却十分逼真，富含韵律之美，即便写入《包法利夫人》，也丝毫没有什么不妥。而其中几段文字，显然是他愤怒时所写，言辞尖刻、用语直白，似乎无可挑剔。这些简短、浓缩的句子朗朗上口，读起来似有作者的声音在耳边回荡，十分亲切。可他用来写书信的这种手法，与他想要创作一部小说的手法，存在显著的差别。福楼拜写小说时，不喜欢使用对话体，且无论对话体存在何种优势，他都对这种风格心怀偏见。他喜欢模仿让·德·拉布吕耶尔和孟德斯鸠的写作风格，想要写出与诗歌一样逻辑清晰、措辞精准、简明平快、抑扬顿挫、朗朗上口且富有音乐节奏的散文，同时保留散文文体的诸多优点。他主张一件事情的最佳叙述方式只有一种，就像每一双手都只有一种与之完全相称的手套。"当我发现自己写出半韵或重复的词句时"他说，"我就知道，我已经掉入错误的陷阱。"（在牛津辞典中，man与hat、nation与traitor、penitent与reticent均互为半韵）福楼拜认为，写作中必须避免出现半韵，即便花费一周的时间也在所不惜。他绝不能容忍在同一页内容中，重复使用同一个词。就这一点而言，我认为他不太理智：因为有时，词语放到每一个位置都恰如其分，且无法使用任何近义词进行替代。福楼拜拥有天生的韵律感，但他在处理韵律时往往小心翼翼，绝不让自己的作品像乔治·穆尔晚年所写的那些作品一样，呈现单一的韵律，毫无多样性可言。因此，他的一词一句，都蕴含着他全部的智慧，朗朗上口、慵懒肆意、感情强烈，表达着他心目中的强烈愿望。

福楼拜写作时，会先构思一下想说的话，勾勒出大致的框架，再以此为基础进行加工、详述、删减、重写，让整部作品达到自己理想中的效果。完成这些工作后，他便会走出房门，站在露台上高声朗读，确认其音韵是否优美得体，且通常情况下，一定可以发现其中的几处错误。发现错误后，他便会拿回去继续修改，直到心满意足为止。泰奥斐尔·戈蒂埃认为，福楼拜在丰富自己的内容框架时，过于讲究韵律与和谐，且这一缺陷，只有在他满怀激情高声朗读时才格外明显。对于福楼拜的这一癖好，他取笑道，"你们知道吗？可怜的福楼拜亲手荼毒了自己的余生，一句une couronne de fleurs d'oranger，连续使用两个所属格，够他后悔一辈子的了。可他再怎么痛苦、再怎么挣扎，却也无济于事呀。"因为这个在英文中极易避免的问题，在法语中永远存在。英语中的"Where is the bag of the doctor's wife"，转换为法语就必须是"Where is the bag of the wife of the doctor"。不过说实话，这种表述确实有些绕口，不怎么优美。

每到礼拜天，路易·波耶就会来到克鲁瓦塞，听福楼拜朗读这周所写的文章，然后再发表意见。通常情况下，福楼拜都会据理力争，面红耳赤，而波耶则会始终保持自己的立场，强迫福楼拜接受自己的修改意见，删减多余的内容或与主题毫无关联的比喻，再让他根据自己的注释逐一修改文中的错误之处。由此可见，福楼拜写作过程之漫长也实在情有可原。他曾在信中写道："周一和周二整整两天时间，居然只处理了两行文字。"不过我想，这句话或许并不是说他两天只写了两行，而可能是他两天写了数十页，最终却只有两行能够让他满意。福楼拜的写作压力让他心力交瘁，据阿尔方斯·都德所说，这是他重病缠身，必须长期服用溴化药物所致。倘若确有这方面的原因，那我们便可以想象，福楼拜整理万千思绪最终落笔成文的过程该有多么劳心劳神。众所周知，《包法利夫人》中那场著名的农业展览会彰显了福楼拜创作之艰辛。旅馆中的爱玛和罗道夫靠窗而坐，聆听远道而来的地方长官的激情演讲。福楼拜写给露易丝·柯莱的信中曾提到他写这一幕时的想法："我需要在同一段对话中，安排五六个讲话人、好几位听众，交代事情发生的地点、现场环境的氛围，描述现场人物和事物的外观，再重点刻画一男一女意趣相投、彼此吸引的浪漫画面。"听起来难度似乎也不是很大，可就是这么相对简单的一件事，却花费了福楼拜整整两个月的时间，虽说最后这部分内容只占据了二十七页的篇幅，但也完成得相当不错。同样的内容，换作巴尔扎克来写（不同的手法），或许只需要不到一个礼拜的时间。因为巴尔扎克、狄更斯和托尔斯泰这样的小说巨匠，普遍拥有我们经常所说的创作灵感。可福楼拜的创作灵感，我们只能从零零散散的几处场景描写中感受一二，而剩余的内容，似乎完全来源于他自身的勤奋刻苦、敏锐观察，以及波耶的意见和建议。我并没有以此贬损《包法利夫人》这部小说，可既然它如此伟大，又怎能纯靠推理，而不像《高老头》和《大卫·科波菲尔》一样借助天马行空的无尽幻想来著就呢？

　　或许有人会问，既然你说福楼拜追求文体优雅不惜呕心沥血，那么他距离自己的完美目标究竟还有多远呢？对于一个外国人而言，即便他十分通晓一门语言，恐怕也无法准确判断某种文体到底如何，因为他很难体会到其中妥帖、优雅、富有音乐节奏和韵律的微妙之处，所以必须接受土著人民的权威观点。福楼拜死后，他的文体在法国一度备受推崇。但如今，其受欢迎的程度早已大不如前，因为现在的法国作家们皆认为，这种文体过于刻板，缺乏自主性。福楼拜对于"'怎么说就怎么写'这样的新创作格言"心怀恐惧。诚然，"说什么写什么"跟"写什么说什么"同样不可取，但书面语言，只有坚定地以口头语言为基础，才能焕发出生机与活力。福楼拜来自外乡，因此他惯于在文章中使用外乡方言，引得一众纯粹主义者颇为不满。我认为，对于一个外国人来说，除非有人向他明确指出，否则几乎不会注意到这些问题，而且或许也无法发现那些令福楼拜深感愧疚且每个作家基本上曾犯过的语法错误。我猜，即便熟读法语之人，也很难挑出下面这个句子中的语法错误："Ni moi! reprit vivement M. Homais, quoiqu'il lui faudra suivre les autres au risque de passer pour un Jésuite"。而既能找到错误又能予以更正之人就更少了。

　　法语惯用修辞，英语则惯用意象，因此而造就了两国文学之间的显著差异。福楼拜彰显其文体的基本手法便是修辞，为此，他经常大量乃至过量使用三层递进的手法，即把一句话分为三个部分，按其重要性升序或降序进行排列。这是一种实现句子平衡的绝佳手法，备受演说家的推崇。以埃德蒙·伯克的演说为例："他们的意愿理应受到重视，他们的观点理应受到尊重，他们的事业理应受到永不间断的关注。"然而，频繁地使用这种手法，也会令文章显得过分单一。福楼拜在他的其中一封信中说过："我的文章中尽是些比喻，它们像虱子一样充斥着字里行间，而我的所有时间都用来克服这一点了。"一些评论家发现，福楼拜在写信时往往会不由自主地使用比喻，而《包法利夫人》中的那些比喻又显得过分刻意、工整，毫不自然。以包法利之母前来探望包法利夫妇时的描述为例："Elle observait le bonheur de son fils, avec un silence triste, comme quelqu'un de ruiné qui regarde, à travers les carreaux, des gens attablés dans son ancienne maison。"这段话写得非常巧妙，但其中的比喻实在令人印象深刻，以致读者的注意都被它吸引了去。毕竟比喻的作用，是增强叙述的效果，突出一件事的重要性，而非喧宾夺主，将其削弱。

据我所知，法国现今最为优秀的那些作家，无一不在故意避免使用修辞。他们习惯言简意赅、自然而然地表达自己的观点，拒绝使用表现效果极强的"三层递进式"手法。他们和福楼拜一样，将比喻视为文学害虫，避之而不及。因此，他们不太推崇福楼拜早期的文体，尤其是《包法利夫人》的文体，但写到《布瓦尔和佩库歇》这本书时，福楼拜已经摒弃了追求修饰性的文学题材，所以后来，相比于福楼拜那些费尽心血创作出的伟大著作，作家们则更加偏爱他那些简单、流畅、生动、自然的书信。当然了，这只是潮流问题，并不能成为我们评判福楼拜文体好坏的标准。斯威夫特的清冷氛围、杰里米·泰勒的华丽辞藻、伯克的夸夸其谈，都是非常优秀的文体，无论你喜欢哪一种，都只代表了你的个人品位而已。

神秘复杂的艾米莉·勃朗特
和史上最奇怪的爱情故事《呼啸山庄》

1

　　一般而言，小说都具备明显的时代特征，同一时代的小说，受到舆论观点、道德观念以及社会偏见的影响，其写作风格与内涵难免趋于一致。年轻的大卫·科波菲尔，虽说才情不足，但也可以写出《简·爱》这样的小说。同样的道理，阿瑟·潘登尼斯或许也可以写出《维莱特》这样的作品，虽然因为劳拉的影响，他无疑将避免赤裸裸的性爱描写，赋予夏洛蒂·勃朗特一些忧郁的味道。

　　可《呼啸山庄》是个例外，它与同时代的其他作品，几乎没有任何联系。它十分糟糕，却又格外优秀；它粗鄙不堪，却又妙不可言。它是一部既让人畏惧又让人痛苦，既让人震撼又让人激动的小说。有人认为，一个牧师的女儿、一个不问世事的隐居之人，根本不可能写出这样的作品。可在我看来，这样的观点实在荒唐可笑。《呼啸山庄》这部小说具备近乎癫狂的浪漫主义色彩，而浪漫主义的特点，便是舍弃对现实世界的耐心观察，翱翔于无尽的幻想世界，沉溺于时而幽默、时而忧郁、时而恐怖神秘、时而热情奔放的情感旋涡。考虑到艾米莉·勃朗特的性格特点，以及她压抑已久的强烈情感，我们可以十分明确，《呼啸山庄》正是她的本心之作。可从表面上看，这本书似乎更像是她那个无药可救的弟弟——布兰威尔所作，很多人对此深信不疑，认为他创作或至少参与创作了整部作品。弗朗西斯·格兰迪便是其中的一员，他写道："帕特里克·勃朗特亲口对我说，他参与了《呼啸山庄》绝大部分内容的创作，他的姐姐也间接承认了此事……小说中那些出自病态天才的奇异幻想，是他伴我徒步路登顿福特之时，用来说玩逗乐的娱乐之言，因此我确信，这些情节的原创作者是他，而不是他的姐姐。"一次，布兰威尔的两个朋友——迪尔登和里兰德，与他相约前往基思利途中的一个小酒馆，朗读各自的诗作。二十年后，迪尔登通过哈利法克斯的《卫报》回忆道："我朗诵了《魔后》的第一幕，可正当布兰威尔把手伸进帽子，准备取出一贯收纳于此的诗作手稿之时，才发现自己错放了几页零零散散的小说手稿——'小试牛刀'的处子之作。懊恼之下，他决定将这些手稿放回帽子里，可两个朋友却执意要求他读上一读，顺便瞻仰瞻仰他如何驾驭小说家的笔杆子。他经历了一番犹豫，最终还是同意了朋友们的请求，每读完一页，便将那一页丢进自己的帽子里，一读就是一个小时，场上听者无不聚精会神、沉浸其中。彼时众人兴致正浓，小说也才讲到一半，可他却戛然而止，开始口述故事的结局，透露部分人物的真名实姓，由于其中一些人依旧健在，所以我也不好将他们公之于众。随后，他只说此书还没有拟定题目，担心自己永远遇不到愿意冒险一试的出版商。而这些出自布兰威尔之口，断断续续的场景与人物，后来都出现在了《呼啸山庄》之中，可即便如此，夏洛蒂依然自信地声称这是妹妹艾米莉的作品。"

时至今日，这番话是真是假，我们已经无从得知。但有一点可以确信，那便是夏洛蒂看不起自己的弟弟，即使受到慈悲教义的约束，也依然讨厌对方。同时我们也知道，对于没有危害且开诚布公的仇恨，基督教的慈悲教义一向持宽容的态度，而夏洛蒂那些未经证实的话，至今无法为世人所接受。她和许多人一样，或许也曾极力说服自己相信那些自己愿意相信的事情。这些传言看似真实，却没有什么证据支持，而毫无根据地胡编乱造又似乎不太可能。那么到底做何解释？或许根本无法解释。有人说，布兰威尔只完成了前四章的内容，但因酗酒吸毒，半途而废，于是便由艾米莉接手继续创作。还有人说，前四章的内容，与之后的内容相比，明显更加生硬、做作。可我认为，这正是艾米莉的刻意安排，其目的是刻画洛克伍德愚蠢、自负的傻瓜形象，非常成功。因此我毫不怀疑，《呼啸山庄》的作者有且只有艾米莉本人。

必须承认的是，这本书写得并不尽如人意。三姐妹资质平平，文采一般，喜欢咬文嚼字、措辞华丽，是家庭教师的典型写作风格，后人常以"litératise"一词予以命名。小说的主线由约克郡的女仆——迪恩太太进行讲述，她如同勃朗特家的泰比，负责家中一切大小事务。此时，对话式的文体明显更加合适，可艾米莉的表达方式却非常奇怪，也许根本没有人会这样讲话："对于那次的背信弃义，我一遍又一遍地强调、确认，以求抹平一切由此而生的不安情绪，假如理应接受如此粗鄙的称谓，我希望这是最后一次。"或许艾米莉·勃朗特也已经意识到，迪恩太太说的话，确实超出了自己的理解范围，可为了自圆其说，艾米莉不得不解释称，迪恩太太工作之余偶然阅读了几本书，可即便如此，那种做作的讲话方式仍然令人瞠目结舌："信"为"信函"，"读信"为"品读书信"，"走出房间"为"退出厅室"，"开始"为"着手"，"白天的工作"称作"日间劳作"，人群"喧闹"而非"喊"或"叫"，侧耳"聆听"而非"倾听"。这位牧师的女儿竭尽全力想把故事写得温文尔雅，最终却显得故作深沉，真是令人惋惜。而事实上，《呼啸山庄》并不需要多么优美的表现形式，就像早期佛兰德斯的绘画——《埋葬基督》一样：消瘦的身躯、扭曲的面容、僵硬的姿态，便足以令整个画面更加恐怖、真实与残酷，可以想象，假如提香以优美的笔触描绘同样一幅画面，那么必然无法产生如此震撼、悲悯的效果。因此，朴实无华的语言风格之中，往往隐藏着某种神秘的力量，能够极大地增强故事的感染力。

《呼啸山庄》的结构十分臃肿，因为它是艾米莉·勃朗特的处女作，涉及两代人的故事，情节非常复杂，对于一个初出茅庐的作家来说，堪称一项艰巨的任务：她必须谨慎处理两组人物和两组故事情节，令二者实现一定程度上的统一，同时兼顾两部分内容吸引力之间的平衡。就这一点而言，艾米莉做得不算成功。从凯瑟琳·欧肖之死，到最后富有想象力的几页，故事的吸引力一直都在逐渐减弱。对于小凯瑟琳这个人物的形象，艾米莉·勃朗特似乎不知道如何进行刻画，她既不似老凯瑟琳那般，拥有热情洋溢的独立性格，也不似她父亲那般愚蠢、软弱；她是个娇生惯养、愚钝、任性、粗俗无礼的存在，受多少苦，似乎都得不到什么同情。至于她如何爱上了小哈里顿，书中并没有明确指出。另外，哈里顿的形象也非常模糊，除了英俊潇洒的外表，以及郁郁寡欢的性格，我们同样对他一无所知。对于这样的一部小说，我认为它的作者必须将漫长岁月压缩成一段有限的时间，让读者如同一眼尽观巨大的壁画一样，一下子了解故事的全貌。艾米莉·勃朗特或许根本无意将统一的整体拆成一个个支离破碎的故事，可我相信她一定问过自己，该如何做到前后连贯。而且她或许已经想到，由一个人物向另一个人物讲述一连串相继发生的事情，是解决连贯问题的最佳方式。这种讲故事的方式非常方便，却并不是她的原创。当然它的缺点也十分明显，即讲述人必须同时讲述大量的事物，如风景描写，以致作者无法继续使用对话体进行叙写。毫无疑问，既然拥有一个讲述人（迪恩太太），那么必须还要有一个倾听者（洛克伍德先生）。一位经验丰富的小说家，或许能够通过更好的方式讲述《呼啸山庄》的故事；可我不信，艾米莉·勃朗特对于这种方式的运用，是建立于他人创造的基础之上的。

此外，可以想到的是，以她的极端、消极、胆怯及沉默，似乎也只有这种方法能够为她所用。那么采用其他的方式进行讲述又当如何呢？假如以《米德尔马契》和《包法利夫人》那样的上帝视角来撰写这部小说，那么艾米莉则必须将这个令人难以接受的故事作为自己的见闻讲述出来，违背自己毫不妥协的性格。同时，她必须不可避免地讲述一些希斯克利夫离开呼啸山庄之后的故事，如他的求学与赚钱经历。可我们知道，她做不到这一点，因为她根本就不知道希斯克利夫做了些什么。她明知读者难以相信那些硬要他们接受的事实，却还是喜欢讲述出来，任凭他们猜测。另一种方法便是：由迪恩太太进行讲述，自己（艾米莉·勃朗特）充当倾听者的角色，即使用第一人称的写作方式。可如此一来，她与读者之间便会产生过于密切的接触，令她脆弱敏感的神经无法承受。《呼啸山庄》开头的故事由洛克伍德进行讲述，再由迪恩太太为他展开情节，而艾米莉则借此将自己隐藏于一个双重的面具之后。勃朗特先生为盖斯凯尔夫人讲过一个故事：孩子们还小的时候，因为胆小，总是隐藏着自己的真实性格。他想要了解一下，于是便让他们轮流戴上面具，以期他们隐藏于面具之下可以畅所欲言。他问夏洛蒂世上最好的书是哪一本，她回答《圣经》。可他问艾米莉，他该如何对待她这个麻烦的弟弟时，她却说："跟他讲道理，听不进去，就用鞭子抽他。"

那么，写这部强烈、澎湃、糟糕的小说之时，艾米莉为什么要将自己隐藏起来呢？我认为她是为了揭示自己内心最深处的本能。她望向心底那口孤独的深井，看到了不能说出口的秘密，可同时，写作的冲动又驱使她为自己卸下重担。有人说，她的创作灵感源于父亲年轻时游历爱尔兰的故事，以及她前往比利时求学期间读过的霍夫曼的故事。霍夫曼的故事可谓深深吸引着她，因此据说她回到家中，也不忘反复阅读。我相信，这些充满神秘、暴力、恐怖的德国浪漫主义作品之中，一定隐藏着某些可以吸引她的东西，激发了她狂野的本性。而希斯克利夫和凯瑟琳·欧肖，则始终藏匿于艾米莉的灵魂深处。有时我甚至认为，她就是希斯克利夫、就是凯瑟琳·欧肖本人。她将自己写成两位主人公，难道不觉得奇怪吗？不，一点儿也不。因为我们每个人都拥有无法摆脱的多重人格，而小说家的特别之处就在于，他们能够分别将这些集于一身的独立人格具象化，客观地呈现出来。可如果这部分人格与作者毫无关联，那么无论对故事的发展如何重要，它都枯燥无味，不能活灵活现。这也就是《呼啸山庄》中的小凯瑟琳无法令人满意的原因。

我认为，艾米莉一定将自己的全部都赋予了希斯克利夫：愤怒、残忍、强烈而未得到满足的欲望、愤世嫉俗的情绪，以及病态的施虐心理。她不爱任何人，却独爱身边的一条狗，可还是会因为区区的一件小事，便挥拳教训于它。艾伦·纳西讲过这样一段奇怪的故事："夏洛蒂胆子很小，不敢一个人前往陌生的地方，可艾米莉却偏偏喜欢带着她到处乱跑。她极度害怕那些不知道名字的动物，但艾米莉依然喜欢把她领到跟前，告诉她自己做过什么、怎么做的，然后观察她惊恐万分的神态，以此为乐。"艾米莉对凯瑟琳·欧肖的爱，似乎充满了希斯克利夫那种野性的味道。可以想象，如果她和希斯克利夫一样，对欧肖拳打脚踢、抓着她的头猛撞石板，那么她一定会像嘲笑夏洛蒂的软弱一般，内心得到极大的满足。打小凯瑟琳耳光、大肆羞辱她时，她也一定十分得意。我认为，她欺负、谩骂、恐吓自己笔下的人物时，一定享受着某种释放情绪的快感，因为在现实生活中，她与小说中的人物处于相同的境地。同时我也认为，她与扮演双重角色的凯瑟琳一样，虽然抗拒、鄙视、畏惧着希斯克利夫，但也全心全意地爱着他，沉溺于征服的快感。同时由于施虐心理中还有一些受虐的成分，她也十分迷恋对方的暴虐、残忍和野性。他们之间拥有一种莫名的亲和力，因为他们本来就是艾米莉·勃朗特的化身。"耐莉，我就是希斯克利夫！他永远在我心中：虽然我惯以自己为乐，但他的作用并非如此，他仿佛就是我身体的一部分。"

《呼啸山庄》是一部爱情故事，或许还是史上最奇怪的一部爱情故事。其中最令人难以理解的部分便是，恋人之间永远保持着纯洁的关系。凯瑟琳深爱着希斯克利夫，希斯克利夫也深爱着凯瑟琳，至于爱德加·林顿，凯瑟琳对他只有宽容忍耐、时而恼怒的情绪。令人费解的是，无论即将面对何等贫困，两个人始终都没有私奔，没有成为真正的恋人。或许艾米莉认为，私通是一项不可饶恕的罪过，又或许她非常反感男女之间的交合之事。两姐妹都十分性感。夏洛蒂纯朴自然，侧脸望去，肤色灰黄，鼻子也很大。早在尚未成名、身无分文的时候，她就收到了求婚。而彼时，男人们都指望自己未来的太太能够带来一份财产。美貌并不是女子的唯一魅力，过分美貌往往给人一种只可远观不可亵玩的感觉。所以说，像夏洛蒂这样喜欢吹毛求疵的女人，要是有人看上了她，则必定是发现了她的性感之处，即认为她朴实的外表下隐藏着一颗性欲旺盛的心。刚嫁给尼古拉斯先生的时候，她并不爱他，反而认为他狭隘、教条、忧郁、蠢笨。可从她的信中可以看出，她婚后对自己的丈夫发生了极大的改观，两人的情趣都十分高昂。她爱上了他，自然也忽略了他的所有缺点。最可能的解释便是，她终于得到了情欲方面的满足。因此毫无疑问，艾米莉一定没有夏洛蒂性感。

2

　　讨论一部小说的起源，是个非常奇怪的话题。不难想象，一位小说作家的处女作，自然可能拥有某些满足自我幻想或者叙述生平的成分。而《呼啸山庄》或许就是一部纯粹的幻想之作。谁又能知道，她与无尽的夜色久久相望，栖身夏日盛开的石南花丛中时，产生了怎样的性爱幻想？每位读者应该都能看出，夏洛蒂笔下的罗切斯特，与艾米莉笔下的希斯克利夫是多么的相似。希斯克利夫，或许就是罗切斯特的某个小儿子与他在利物浦遇到的爱尔兰女子所生。两人都拥有黝黑的皮肤、凌厉的五官、残暴的性格，以及充沛的精力，颇具神秘色彩。而两人之所以存在不同，也只是因为她们为满足自己强烈的性幻想，所采取的方式不同。罗切斯特是所有渴望臣服于雄性魅力的女子的梦中情人；而希斯克利夫则具备了艾米莉身上所有的刚毅、暴虐和野性。不过我猜，这两个粗犷、难以取悦的角色的主要原型，还是他们的父亲帕特里克·勃朗特牧师。

我说过，我不相信艾米莉可以仅凭自己的幻想，完成整部《呼啸山庄》。小说创作的灵感，就像一颗横空出世的流星，携带丰富的思想从作者的脑海中一闪而过，非常罕见。而通常情况下，灵感大多源于作者的亲身经历，且往往是情感方面的经历，或者他人富有吸引力的一些见闻。之后，作者便会开始绞尽脑汁，发挥想象力，逐渐勾勒并充实人物形象与故事情节，直到一部完整作品的最终问世。一个小小的暗示、一个怎么看都微乎其微的事物，很有可能释放出创意的火花，点燃作者的创作热情。人们观察一株仙客来，往往只看到它心形的叶子、锦簇的花团、随意生长的花瓣，却不知如此动人的娇艳、如此缤纷的色彩，竟源自一粒针头大小的种子。所以说，不朽的著作大多往往源于一粒生生不息的种子。

我认为，只有通过阅读艾米莉的诗作，才能猜到她究竟有过什么样的感情经历，以至于她想要借助《呼啸山庄》的创作，从残忍的苦痛之中寻求解脱。她写过大量的诗，水平参差不齐，有的老生常谈，有的感人肺腑，有的则优美动人。她似乎最擅长创作赞美诗，每到礼拜天便前往霍沃思的教区教堂进行吟唱。可即便使用寻常的格律，也无法掩饰隐藏在诗中的强烈情感。《冈德尔岛纪事》是她与安妮小时候了自娱自乐，撰写的一部关于幻想小岛的悠长历史，收录了她的诸多作品。或许，对于她来说，这只是一种抒发痛苦、宣泄隐秘的便捷方式。1845年，即艾米莉去世的前三年，她写了一首诗歌，名为《囚徒》。我们知道，艾米莉没有读过任何关于神秘主义的作品，可诗中对于超凡体验的描述又让人不得不相信，她的确对神秘主义略知一二。她以近乎神秘主义者的措辞，写出了自己与上帝分离之后的痛苦：

啊，多么可怕的禁锢——多么强烈的痛苦——

耳朵开始倾听，双眼开始观察；

脉搏开始跳动，大脑也开始再度思考；

此时，灵魂将感受到肉体的存在，肉体则将感受到枷锁的束缚。

这几行诗无疑反映出了一种感受，一种深层次的体验。有人认为，艾米莉·勃朗特的爱情诗不过是她在练习文学写作。而他们之所以这样说，显然是为了说明，她已经深陷爱河、没有受到爱神的垂怜，且因此身心俱损。这几首诗，是她前往哈利法克斯附近的洛希尔女校教书时所写。当时的她只有十九岁，没什么机会接触男性（而且我们也知道她对男人避之不及）。依照她的性格，我们猜测，她极有可能爱上了某个家庭女教师，或某个女子。此人是她一生之中唯一所爱，是她所有消极情绪的重要来源，而这种情绪足以令她情根深种，驱使她创作出我们今天看到的这一部奇异之作。我实在想不出，还有哪部小说可以将痛苦、狂喜，以及爱情的残酷表现得如此淋漓尽致。《呼啸山庄》的缺点十分明显，可这些缺点全都无关紧要。你无法将它比作其他任何一本书，而只能将其比作埃尔·格列柯伟大画作中的一幅：一片荒芜阴森的景致，乌云密布、电闪雷鸣，几副高挑、消瘦的身躯以扭曲的姿态，凝神屏息，仿佛受到神秘情绪的牵制。此时，一道凌厉的闪电划过阴霾的天空，更添几分未知的恐惧感。

群像巨匠托尔斯泰
和波澜壮阔的辉煌史诗《战争与和平》

1

前几章介绍的小说，风格各异、自成一派，不具备什么代表性。可接下来要涉及的这一部，无论其形式或内容，都非常复杂。它以达佛涅斯和克洛伊的田园式浪漫风格开头，占据着小说发展历程上的一席之地。毫无疑问，《战争与和平》是小说史上最伟大的存在。若非智力、想象力、社会阅历与人性洞察力超凡出众之人，很难写出这样的旷世佳作。纵观历史，没有哪部小说能够拥有如此恢宏的气势，记录如此波澜壮阔的史诗和人物关系。同样伟大的小说或许不绝于此，可我相信，《战争与和平》的辉煌绝对无法复制。我们可以想象，随着机械化的发展，国家对人民的影响程度日益加深，教育将逐渐普及、趋于同化，个人财富也将慢慢减少，导致阶级差异走向灭亡，机会平均分配到每一个人。可即便如此，我们仍然存在天赋上的差异。一些人生而不凡，拥有成为小说家的天赋。可是，以他们对世界的认知、对特定条件下人情世故的理解，他们更有可能成为简·奥斯汀这样写出《傲慢与偏见》的作家，而不是托尔斯泰这样写出《战争与和平》的巨匠。这是一部名副其实的史诗之作，恐怕再没有哪部小说能够配得上这一称号。托尔斯泰的朋友、一位才华横溢的评论家斯特拉科夫曾通过这样几句慷慨激昂的话语来表达自己的观点："一幅人生的全景、一幅当代俄国的全景、一幅人类历史与奋斗的全景、一幅悲喜荣辱共存的生活全景——《战争与和平》。"

2

托尔斯泰出身的阶级，没有出现过什么杰出的作家。他的父亲是尼古拉·托尔斯泰伯爵，母亲则是拥有继承权的玛丽娅·沃尔康斯卡雅公主。他出生于母亲的祖居——亚斯纳亚·波良纳庄园，是五个兄弟姐妹中年纪最小的。托尔斯泰没有长大成人时，父母便双双离世。他先是跟着家庭教师学习，又依次就读于喀山大学和彼得堡大学。可由于学业不精，他没有取得任何一所大学的学位。之后，他又借助一系列贵族的关系，活跃于喀山、彼得堡和莫斯科的各大社交场合，沉迷于玩弄时尚的娱乐活动，结识了许多志同道合之人。他身材矮小、相貌平平。"我很清楚，自己长得并不好看，"他曾写道，"陷入绝望之时，我一度认为自己很失败：因为像我这种鼻子大、嘴唇厚、眼睛还这么小的人，怎么可能拥有幸福？于是我祈求上苍，祈求他降下奇迹，让我变得英俊潇洒，哪怕付出眼下以及将来可能拥有的一切，也在所不惜。"可他并不知道，那张平凡的外表之下，隐藏着一种强大的精神力量，让他魅力十足。那双炯炯有神的眼睛，则散发着与众不同的魅力，令他神采飞扬。他穿搭巧妙，与司汤达一样，试图通过时尚的衣物弥补形象上的不足，且经常过分注重自己的身份地位。喀山大学的一位同窗曾在信中这样描述他："我尽力与伯爵大人保持距离，初见之时，他便故作冷漠、锋芒毕露，拒我于千里之外。我还没有见过像他这样奇怪的年轻人，傲慢、自信……让人不可理喻。我向他打招呼，他几乎理都不理，似乎是在向我暗示，我们根本不是一个层次的人……"

1851年，托尔斯泰二十三岁。彼时，他已经旅居莫斯科好几个月，刚好遇到服役于高加索、度假至此的哥哥尼古拉（炮兵）。假期结束，哥哥必须返回军中，托尔斯泰便临时决定与他一同回去。几个月后，他被说服参了军，成了一名军校学员，还参加了俄军对山区叛乱部落发动的几次突击。可是，他对自己的患难兄弟似乎颇有看法。"起初，"他写道，"这里的很多事情都让我感到非常震惊，可习惯了以后，我依旧没有和他们打成一片。我开辟了一条满意的折中路线，既不亲近任何人，也不疏远任何人。"真是个傲慢的年轻人！托尔斯泰身强力健，可以不知疲倦地徒步一整天，或者骑马十二个小时。他是个贪杯的酒鬼、不计后果的赌徒，运气不好的时候，他甚至卖掉亚斯纳亚·波良纳庄园的部分祖产，用以偿还赌债。他性欲旺盛，还因此染上了梅毒。除此之外，他的军旅生活，与军中其他出身高贵的阔绰公子一样，除了纸醉金迷，便是花天酒地。他们军旅寂寞，自然需要借此消耗自己旺盛的精力，发泄自己无尽的欲望。而同伴之间的攀比，更是让他们欲望高涨，倍感尊崇。根据托尔斯泰日记中的记载，那一夜，他与纸牌、美女共度春宵一刻，与吉卜赛人彻夜狂欢，最终懊悔不已。可这样的情绪并没有持续多久，一旦找到机会，他还是照样乐此不疲。

1854年，克里米亚战争爆发，托尔斯泰参与塞瓦斯托波尔围剿之战，负责调动一个炮兵连的兵力。他奋勇当先，因为车纳雅河战役之中"胆识过人"的突出表现，受中尉军衔。1856年，和平条约签署之后，他便辞掉了军职。服役期间，托尔斯泰写过很多随笔和故事，还写过一部颇具浪漫主义色彩的童年及少年自传。后来，这些文章全都刊载于一本杂志之上，引起了强烈反响，以至于他返回彼得堡之时，还受到了当地读者的热烈欢迎。可久而久之，他发现自己非常不喜欢这里遇到的每一个人，别人也不怎么喜欢他。他认为自己赤子之心，别人都是虚情假意，而且经常一言不合便直言相告，毫不犹豫。他缺乏耐心，不喜欢听取别人的意见。另外，他脾气暴躁、内心矛盾、傲慢无礼，毫不顾及他人的感受。屠格涅夫说，托尔斯泰总是凶神恶煞，一副审判官的模样，令人坐立难安。再捎带几句尖酸刻薄的话，闻者一定勃然大怒。他不肯接受别人的批评，一旦发现信件中的影射之言，就会立刻向笔者发出挑战；即便他的好友，也要费好大一番工夫才能安抚他的情绪，避免一场荒唐的决斗。

与此同时，俄国兴起一阵自由主义的狂潮，解放农奴顿时成为当下最紧迫的问题。于是托尔斯泰旅居首都几个月之后，便回到了亚斯纳亚·波良纳庄园。他面对自家佃农，拿出了一份解约计划书，准备让他们恢复自由，可佃农们却怀疑其中有诈，予以拒绝。一段时间后，他又出海游历，回来时便为他们的子女兴办了一所学校。为此，他引进了革命性的教育方式，主张学生们拥有上学、听讲的自由选择权，同时不设纪律规范和惩罚制度。他白天授课，晚上与孩子们一起游戏、一起唱歌、讲故事，直到夜深。

几乎同一时间，他跟手下一个农奴的妻子发生了关系，生下一子。为此，托尔斯泰在日记中写道："我从来没有如此深爱过。"可见这并不是一段转瞬即逝的露水情缘。之后的几年，这个名为蒂莫西的私生子一直都是托尔斯泰小儿子的车夫。此外，许多传记作家还发现，托尔斯泰的父亲也曾有过一个私生子，而且刚好也曾是家中某个人的车夫。对我来说，这样的做法简直有悖伦理，是一种愚蠢的表现。我本以为，既然托尔斯泰良心难安，愿意从屈辱之中解救农奴，让他们学习知识，保持整洁、体面和自尊，那么他至少也应该为自己的私生子做点什么。屠格涅夫也生过一个私生女，可人家悉心照料，找家庭教师，还十分关心女儿的生活起居。同样是亲生孩子，一个锦衣玉食，另一个却栖身马车车棚，不知托尔斯泰见状，会不会感到良心难安？

托尔斯泰的脾气，说来也有些古怪。他可以满怀激情地开启一项新的事业，三分钟热度之后，又可以兴致全无地弃之如敝屣，他似乎缺乏几分坚持不懈的毅力。因此，兴学两年之后，他便对自己的事业感到非常失望，关闭了学校。他身心俱疲，无法满足，身体条件也每况愈下。后来他写道，要不是因为自己还没有经历过幸福美满的快乐人生（暗指婚姻），恐怕早已生无可恋。

于是，他开始考虑自己的终身大事。他挑选了一大堆符合条件的年轻姑娘，跟她们云里雾里地进行交往，然后分手。最后，他尘埃落定，迎娶了别尔斯大夫（莫斯科著名的内科医生，也是托尔斯泰家的故交）的二女儿——十八岁的索尼娅。此时，托尔斯泰已经三十四岁，两人一起定居亚斯纳亚·波良纳，十一年生了八个孩子，随后的十五年又生了五个。他酷爱骑马，骑术相当不错，还对狩猎情有独钟。与此同时，他坚持不懈地追求财富，身家与日俱增，还在伏尔加河东岸购置了新的地产，最终坐拥大约一万六千英亩的土地。他的生活遵循着俄国贵族阶级常见的一种模式：赌博、酗酒、寻花问柳、结婚生子、定居庄园、守着自己的土地、骑马打猎。当然，与托尔斯泰一样信奉自由主义的人也不在少数，他们苦恼于农民的无知，设法改善他们的生活状况。而托尔斯泰与他们之间唯一的显著区别便是，他写出了世界上最伟大的两部小说——《战争与和平》和《安娜·卡列尼娜》。

3

三十六岁，正是撰写一部大师杰作的最佳年龄，此时，一位作家写作的技艺已经炉火纯青，社会阅历也已覆盖生活的方方面面，智力、活力与创造能力也都处于巅峰水平。也正是此时，托尔斯泰开始了《战争与和平》的创作。他以拿破仑战争为历史背景，以侵略俄国、莫斯科大火、法军的撤退与覆灭为高潮，成就了一篇波澜壮阔的辉煌史诗。创作初期，托尔斯泰本想写一部关于贵族生活的家庭故事，仅以历史事件作为故事背景，让小说人物遍历艰难险阻，接受精神上的深刻洗礼，最终享受惬意的和平世界。可创作期间，托尔斯泰却逐渐将重心转移到列强间的激烈战争之上，还创造出了一种全新的理念，尊称历史哲学。可不久之前，以赛亚·伯林出版了一本妙趣横生、富有教育意义的小书，名为《刺猬与狐狸》，书中说，托尔斯泰的思想源于外交精英约瑟夫·德·迈斯特一本名为《圣彼得堡的夜晚》的书，并非原创。我认真思虑了一番，认为他并不是在败坏托尔斯泰的名声，因为小说家的职责不是创造思想，而是创造可以作为原型人物的角色。思想是客观存在的，它们就像人类、城市、乡村以及与人类自身息息相关的一切，都可以作为小说的素材，用以成就一部艺术佳作。所以我认真读完这本书之后，深感必须再读一读《圣彼得堡的夜晚》。

《战争与和平》后记中的第二部分，记录了托尔斯泰精心阐述的部分观点。对此，德·迈斯特利用三页的篇幅，进行了更加详细的说明，其要点可以体现于下面这句话中："C'est l'opinion qui perd les batailles，et c'est l'opinion qui les gagne。"托尔斯泰曾亲临高加索和塞瓦斯托波尔，目睹惨烈的战况，借助丰富的社会阅历，他能够绘声绘色地叙写各种战争场面，创造各种活灵活现的人物角色。他的观察结果，与迈斯特的观点高度吻合，可他的写作成果，却都是长篇大论，过于复杂。因此，我们可以通过故事中零零散散的部分观点，以及安德烈公爵的深刻剖析，更好地理解他的思想。同时，我认为这是一个小说家表达思想的最佳方式。

托尔斯泰认为，决定战局的关键因素，是变幻莫测的作战环境、充满未知的神秘力量、可能失误的战略判断，以及难以预见的突发事故，而战争学、军事天才根本就是无稽之谈。影响历史进程的，也不是那些家喻户晓的风云人物，而是默默主导各国成败的神秘力量。一军将领，不过是依附于马车、下山疾奔的马匹——有时，它们并不知道，是自己拉着马车跑，还是马车逼着自己不跑不行。战略策划、千军万马，不是拿破仑所向披靡的关键所在，因为或许局势有变，或许命令没有及时传达，没有人听他的号令。他之所以成功，是因为敌方军心溃散，深信败局已定。最终结局取决于成千上万的可能性。"对于某某战事而言，拿破仑、亚历山大的贡献，与应征入伍的列兵之间没有多大差距。""我们熟知的那些伟人，也不过是历史的标签，他们以己之名记录历史，却与历史本身没多大关联。"托尔斯泰认为，他们不过是时势的傀儡，根本无力抗拒。可是，此处仍然存在令人疑惑之处，即他究竟如何协调"命中注定、无法抗拒的必然性"与"变化无常的偶然性"，因为命运降临之时，机遇根本不值一提。

托尔斯泰的历史哲学，一定程度上源于他对拿破仑的贬损。因此《战争与和平》中几乎没有出现过拿破仑的正面形象，就算出现了，似乎也显得愚昧、荒谬、不足为道。托尔斯泰说，他不过是"历史推进的微末助力，没有丝毫男子气概，即便流放之时也是如此"，可正是这样一个马都骑不好的人，竟也受到了俄国人民的崇拜敬仰。对此，我自认有必要为拿破仑辩解一番。法国大革命造就了一批年轻人，他们同科西嘉律师的儿子一样，野心勃勃、聪明果敢、杀伐决断，而且一定有人会问：这个其貌不扬、乡音难改、无钱无势的年轻人，凭什么可以获得一次又一次胜利，统治法国、拿下半个欧洲，甚至睥睨天下？我们可以想象，一位国际桥牌锦标赛的冠军，他的成功可以归因于运气或出色的搭档；可无论他的搭档是何许人也，我们也不得不承认，他一定拥有游戏方面的某种特殊才能和卓越天赋，能够令他战无不胜，蝉联冠军。而一名优秀的将领，与一名优秀的桥牌选手一样，同样需要具备以下的诸多品质，即见识、眼光、勇气、判断形势的头脑，以及洞察敌方心理的直觉。当然，拿破仑确实掌握了天时地利，可要是有人否认他审时度势、充分利用作战条件的才能，便只能是心存偏见了。

然而，这一切并不影响《战争与和平》的感染力和趣味性。它时而如隆河（日内瓦）湍急的流水，气势磅礴；时而如莱曼湖平静的湖水，静谧祥和。据统计，全书共涉及约五百个人物角色，信仰各异、坚定不移。这可是一项了不起的成就。它与大多数小说不同，并非侧重两三个人物或者干脆某一个群体，而是所有四大贵族家庭的成员：尼古拉·罗斯托夫、安德烈·保尔康斯基、库拉金和彼埃尔·别祖霍夫。小说的主题，正如其名所指，乃是战争与和平，是不同背景下不同人物命运之间的强烈对比。对于一部情节迥异、人物或人群众多的小说，作家处理的难点在于实现各个事件、群体之间的完美过渡，让读者欣然接受。假如他可以成功做到这一点，那么读者便会认为自己已经了解当下应该了解的所有故事情节与人物，并准备好了解其他未知的一切。总的来说，托尔斯泰巧妙地完成了这个艰巨的任务，以致读者感觉自己正在遵循某一条叙事线索。

托尔斯泰与其他小说家一样，惯于以自己略知或熟知之人塑造角色，可他似乎并不只是将他们用作自己施加想象力的人物原型，而是非常忠实地刻画他们。比如，挥霍无度的罗斯托夫伯爵源自他的祖父，尼古拉·罗斯托夫是他的父亲，而可怜、可爱、丑陋的玛丽娅公爵小姐则是他的母亲。还有人认为，托尔斯泰写彼埃尔·别祖霍夫和安德烈·保尔康斯基公爵这两个人时，心中想的是自己，或许是他意识到了自己的矛盾之处，意图通过创造两个迥然不同的人物，阐明并理解真实的自我。这样的说法似乎也合情合理。

根据托尔斯泰的安排，彼埃尔与安德烈公爵双双爱上了罗斯托夫伯爵的女儿娜塔莎——这部小说中最讨人喜欢的人物。要知道，刻画一个迷人、风趣，让人第一眼就爱上的年轻女子非常困难。因为通常情况下，小说中的女子要么缺乏特色（《名利场》中的阿米莉亚）、自命不凡（《曼斯菲尔德庄园》中的范妮）、过分聪慧（《利己主义者》中的康斯坦尼娅·达累姆），要么愚不可及（《大卫·科波菲尔》中的朵拉）、水性杨花，稚嫩的年岁之下，是尚未发展成熟的性格，难以刻画也实属正常。同样的道理，只有历经生活、思想、爱情、痛苦的变迁，形成独立人格的一张面孔，才能在画家的笔下展现风韵。而描绘女子的最佳方式，便是表现她的年轻貌美和青春活力。

可娜塔莎并非如此。她纯朴自然、甜美亲切、细腻敏感、富有同情心，既有孩子气，又颇具女人韵味；她沉迷于幻想，性情急躁，古道热肠，固执任性，方方面面都魅力十足。虽说托尔斯泰创造的众多女性角色都非常真实，可没有哪个能够像娜塔莎一样赢得读者的喜爱。她的原型是托尔斯泰的妻妹塔尼娅·别尔斯，托尔斯泰倾心于她，正如查尔斯·狄更斯倾心于自己的妻妹玛丽·贺加斯，同样耐人寻味！

对于深爱她的这两个男人——安德烈公爵和彼埃尔，托尔斯泰赋予了他们追求生活意义和目标的强烈激情。就这一点而言，安德烈公爵表现得尤其明显，可以说他是当时俄国社会的典型产物。他家财万贯，拥有大量农奴供其差遣，一不高兴，便剥下对方的衣服，鞭子伺候，或将他们的妻子、儿女送到军中服役。要是看上了哪个女孩儿或妇人，便会派人将其找来供自己消遣。安德烈公爵长相英俊、棱角分明，拥有一双疲惫的眼睛和一副疲倦的神情。事实上，他就是浪漫小说中"美丽的恶魔"。他勇敢、仗义，对自己的血统和地位感到无比自豪。他情操高洁，可是却傲慢无礼、独断专行、心胸狭隘、不讲道理。对待同僚，他冷漠、傲慢；对待下属，他却屈尊俯就、亲切友善。他才智俱佳、野心勃勃，一心想要出人头地。托尔斯泰这样形容他："安德烈公爵指导年轻人，助他们取得世俗上的成功之时，似乎格外热心。他骄傲自负，不愿接受别人的帮助，却以帮助他人为由，接近那些可以提供成功机会且深深吸引他的人。"

彼埃尔则是一个更加扑朔迷离的人物。他身材魁梧、长相丑陋，由于近视得厉害，必须戴着眼镜，且因为暴饮暴食，常年身宽体胖。他沉迷于女色、笨手笨脚，可却敦厚老实、一片赤诚，所以大凡接触过他的人，都会喜欢上他。他手头非常富裕，完全不在乎曲意奉承之人将手伸进自己的腰包，也完全不在乎对方是否值得交往，而且由于好赌成性，经常被自己的莫斯科贵族同僚耍得团团转。此外，他甚至毫无防人之心，早早便娶了一个水性杨花的拜金女子为妻，之后，又同奸夫进行了一场荒诞的决斗，最终离她而去，前往彼得堡。此时，他偶遇了一位神秘的长者，还得知此人乃是共济会成员。交谈期间，彼埃尔坦言自己不信上帝。"假如他不存在，我们便不会讨论他，"长者答道，之后便顺着这个话题，讲述了一番可以证明上帝存在的本体论基础。坎特伯雷大主教安塞姆初次提出本体论时，其内容大致如下：上帝是思想上最伟大的实体，而思想上最伟大的实体一定存在，否则，便会存在另一个同样伟大的实体。因此可以推出：上帝一定存在。对此，托马斯·阿奎那曾经提出异议，而康德更是将其彻底推翻，可彼埃尔却深信不疑，于是他到达彼得堡不久，便应召加入了共济会。

对于一部小说而言，无论物质层面还是精神层面的大事，都必须进行压缩，令其适时进入尾声。例如，作者叙写一场旷日持久的战争时，必须略过一切非必要的内容，以一两页的篇幅概括最为重要的部分。至于情感方面的变化，也是同样的道理。

因此，对于彼埃尔的心理变化，我认为托尔斯泰处理得过分突兀，以致人物本身显得格外肤浅。最终的结果是，他迫切希望结束这种花天酒地的生活，决心返回庄园，释放农奴，致力于他们的福祉。可正如轻信赌场好友一样，他再次轻信了管家，遭遇背叛，最终发现自己所有的善意都已付诸东流，变得心灰意冷。同时，由于缺乏坚持不懈的毅力，他的兴善计划大多没能实施，逐一走向破产，他又回到了游手好闲的生活状态。更糟糕的是，他开始对共济会的道业同人感到失望，认为他们只注重礼仪和形式，流连于此"只是为了结交富人，从中获益"。于是，身心俱疲的他，重新开始赌博、酗酒、乱搞女人。

彼埃尔十分清楚自己的不足，对此深恶痛绝，可就是缺乏予以弥补的顽强毅力。他谦虚、善良、富有同情心，但缺乏常识，令人好生奇怪。波罗金诺战役期间，他的所作所为可谓愚蠢至极，他不顾自己的平民身份，驱车冲入战场，挡在所有人面前，让自己成为一个彻彻底底的大麻烦，可为了保住性命，他还是落荒而逃，没有丝毫作为。撤离莫斯科之时，他又留了下来，因莫须有的纵火之罪被捕入狱，判处死刑。好在，他终究幸免于罪，只是被关押了起来，直到法军撤退之时，才被一群游击队员从押解同行的犯人中解救出来。

所以说，彻底了解彼埃尔是一件非常困难的事。他善良、谦虚、和蔼可亲，可同时软弱不堪。他的形象非常真实，理所应当是《战争与和平》的主人公，因为小说的最后，他迎娶了性感迷人的娜塔莎。我认为，托尔斯泰一定很喜欢他，因为描述此人之时，他的笔触总细腻而充满柔情。可我总是在想，他又为什么要把他刻画得如此愚蠢？

《战争与和平》的故事异常庞大，创作过程也格外漫长，因此作者也不可能活力永驻，处处发挥极致。对于小说结尾的部分而言，撤离莫斯科与覆灭拿破仑军队的内容实在过于冗长，虽然说必不可少，但也低估了读者对历史背景的认知程度。最终结果便是缺乏悬念，降低了读者急于知晓后事的欲望。因此，哪怕托尔斯泰的故事再怎么悲痛、夸张、凄惨，读者也会产生不耐烦的情绪。通过这几个章节，托尔斯泰将各个松散的结尾串联了起来，同时再现了诸多几乎已经被遗忘的人物角色。不过我认为，他的主要目的还是要引出一个新的人物，以此影响彼埃尔的思想发展。

此人名为柏拉图·卡拉塔耶夫，乃是彼埃尔的狱中好友。他是一个农奴，因偷盗木材被押入军中服役。彼时，俄国的知识分子颇为关注这一类人，因为他们饱受专权政治的压迫，深知贵族生活的空洞、商人阶级的无知与狭隘。他们认为，拯救俄国的关键，就在于备受践踏与折磨的农民，且这样的信念日益坚定。托尔斯泰曾通过《忏悔录》告诉我们，自己的阶级如何走向绝望，如何向"老派信徒"寻求能够赋予生命意义的善良和信仰。可毫无疑问的是，地主有好有坏，商人有忠有奸，农民也分善恶。那些认为农民之中尽是美德的说辞，不过是文学上的错觉。

托尔斯泰对于普通士兵的刻画非常到位，可以说是整部《战争与和平》之中人物塑造的典范。柏拉图·卡拉塔耶夫忠爱每一个人，他毫无私心，乐观积极地承受着所有的痛苦和危险。他心地善良、情操高洁，深深影响了彼埃尔的内心，助他重新建立起了对善良与美德的信仰："已经支离破碎的世界，再次于灵魂深处荡起了涟漪，浮现了一种焕然新生的魅力、一种坚不可摧的信仰。"通过柏拉图·卡拉塔耶夫，彼埃尔认识到："幸福源于人类的内心世界，源于人类对平淡需求的满足。痛苦之源，也不是贫穷，而是过于富足。生活不易，但没有什么困难是无法面对的。"最后，他终于体会到了多年以来追寻无果的宁静与祥和。

对于部分读者来说，托尔斯泰关于撤军部分的描写似乎越读越乏味，可这一缺憾已于尾声的第一部分得以弥补，是一次伟大的创新之举。

小说接近尾声之时，旧时的作家们习惯写出主要人物的最终结局：男女主人公终于过上幸福的生活，配享优越的环境，生了多少多少个孩子；反派人物即便没能寿终正寝，也必然生活贫苦，娶了个爱唠叨的老婆，遭受了应有的报应。然而，这样一两页就匆匆收尾结束的故事，常常显得非常敷衍了事，以致读者认为，这只是一种轻蔑的安慰。可对于托尔斯泰来说，他仍然要发挥结局真正的作用。

七年之后，来到尼古拉·罗斯托夫的家中，他已经娶妻生子，娶的正是安德烈公爵的妹妹。安德烈公爵则因波罗金诺战役身负重伤，彼埃尔的妻子于入侵期间不幸身亡，为彼埃尔迎娶爱慕已久的娜塔莎提供了便利。两人生了孩子，恩爱有加，生活变得安定、平淡。他们历经艰难、痛苦、绝望，过上了安安稳稳的中年生活。曾经甜美、神秘、讨人喜爱的娜塔莎，成了一个唠叨、挑剔、性格泼辣的家庭主妇；曾经勇猛、热情的尼古拉·罗斯托夫，也成了一个固执己见的乡绅；彼埃尔则变得更加圆润，他一如既往地善良，头脑也没有多少长进。美满的结局往往十分可悲。我认为，托尔斯泰之所以这么写，并不是出于怨恨，而是因为他知道结果就是如此，而自己必须讲述实情。

Ⅲ

┤ 书与世界 ├

小说就像一个天国，天国之中府邸众多，作者想让你参观哪座，便邀请你进入哪座。每一座府邸，各有其存在的价值。

美国文学——必得体现地地道道的美国风情

首先，我想要表明我的立场。漫漫人生，我读过的美国书籍数不胜数——大约十岁的时候，我就已经读过阿特姆斯·沃德，读过《海伦的婴儿》。可即便如此，我也从不敢自诩能够比肩任何一位钟爱阅读的美国人，因为他们的涉猎之广实非我所能及。每个国家都有一些书籍只为本国读者所乐道，而母语为异国语言的读者终究是读不出什么味道的。

例如，我自认为乔纳森·爱德华兹的作品没有任何阅读的必要，而《雷穆斯大叔》晦涩难懂的黑人方言又是我难以翻越的一道关卡。我曾试图寻找过最能体现美国风情的美国文学，到头来却发现有些作者始终难逃英国文化的影响，其作品自然也就不在我的考虑范围之内。因为我感兴趣的美国文学必得体现地地道道的美国风情。

富兰克林的《富兰克林自传》

我打算从成书于18世纪的一本著作开始讲起。文学史浩如烟海，自传文学却屈指可数，而像《富兰克林自传》这样散发着永恒魅力的著作更是万中无一。这本自传以简单易懂的英文成书，风格朴素而不失诙谐，可谓文如其人。众所周知，富兰克林师从大家，善于将故事娓娓道来，进而刻画出生动具体的人物形象，因此他叙述生平自然如鱼得水、入木三分。

霍桑的《红字》

事物皆可分三六九等，人亦不例外，我认为这没什么坏处。假如只能为三位美国作家冠以"天才"的称号，我会毫不犹豫地选择赫尔曼·梅尔维尔、沃尔特·惠特曼和埃德加·爱伦·坡，他们皆是19世纪的杰出人物。至于纳撒尼尔·霍桑，我至少可以罗列出五六个成就丝毫不亚于他的小说家；他们皆是过去四十年间美国文坛的后起之秀，若非巨匠只能在身后为自己正名这样的世俗偏见，也不至于如此默默无闻。但不得不说，《红字》确是一部声名远播的浪漫主义小说，我想那些以读小说为生的美国人应该都读过这本书。

霍桑在人物塑造方面并不具备十足的天赋，他笔下的罗格·齐灵渥斯只是众多邪恶品质的堆砌，了无生机。而海斯特也不过是一座精美的雕像，可远观而不可亵玩。丁梅斯代尔不同，当他决定与爱人远走高飞，急切地想要知道准确出航时间的那一刻，他便被赋予了鲜活的生命。庆祝选举的布道由丁梅斯代尔所做，但他终究不愿再承受表里不一的痛楚，以死自赎，展现出了有血有肉的人情味。

霍桑的著作风格在18世纪的文坛独树一帜，令人印象深刻，这也是我为什么要推荐你们阅读《红字》的原因。故事本身并不精彩，但假如你已经读过，不妨再读一遍，细细品味其中的风韵。

梭罗的《瓦尔登湖》

文学史将霍桑、爱默生与梭罗归于同一学派（康德科派，康德科为地名），他们皆是学派成员中的佼佼者。因此我认为将后两者放到这里来讲非常合适。读者对《瓦尔登湖》的兴致高低往往取决于其自身的阅读品位。于我而言，它既不无聊也不讨喜。这样的作品，倘若其作者个性张扬，拥有非凡的学识和阅历，倒也值得一读；可梭罗本人性格懒散，随遇而安，他的作品虽备受尊崇，但风格老套，千篇一律，见识实在浅薄。同时，我认为梭罗并不懂得如何利用情感来打动读者。他发现人的欲望越小，满足欲望需要付出的代价也就越低，这样的哲学深度，众生皆具。

爱默生的《爱默生散文集》

爱默生的文坛地位自然要高于梭罗。但老实说，他的作品从未给过我任何心灵上的慰藉。我无意贬低一位手足同胞皆引以为豪的文学大家，我也承认他慈祥敦厚，人格魅力十足。他的日记见解独到、行文流畅，即便是幼年时所作，也极具思想深度；他的演讲，一字一句皆铿锵有力，气场十足，与呆板的印刷文字形成鲜明对比。但《爱默生散文集》对于我来说助益有限，趣味不足，实非我心目中的经典之作。

爱伦·坡的《金甲虫》

爱伦·坡是一位敏锐的批判文学家，他的诗歌被誉为美国文学史上最优美的作品。他的短篇故事文采斐然、不拘一格，至今尚无能出其右者。同时，他对短篇小说艺术内涵的深刻见解，也为后生晚辈留下了宝贵的历史经验。《金甲虫》和"杜邦先生"的故事是侦探小说领域的开疆拓土之作，自此，创作的洪流便开始浩浩荡荡席卷而来。我们今天喜闻乐见的那些侦探小说，也大多来自那个年代。虽说不计其数的文人墨客造就了侦探小说界今日的百家争鸣，但论及根本上的创新，恐怕也只有爱伦·坡做到了这一点。

亨利·詹姆斯的《美国人》

亨利·詹姆斯算不得美国历史上最伟大的作家，但也绝对出类拔萃。他天资过人，备受瞩目，却因性格上的缺陷无法才华尽现。他幽默、深刻、明察秋毫，善于描绘戏剧人生，但骨子里的平凡却让他始终无法理解爱、恨、死亡、恐惧和好奇心这样的人之常情。他对事物的探索常浮于表面，可那份细致入微的执着偏偏又无人能及，至于他能否领会表象下的深层内涵，我们无从得知。亨利·詹姆斯将《大使》奉为他最得意的著作，但我却更喜欢他的另一部小说《美国人》。这本书风格典雅，清晰透彻，虽有辞藻铺张之嫌，但也反映出时代的特征，丝毫不影响阅读体验。可从另一个层面来说，这部没有爱情的爱情故事也实在令人费解，故事中的男子个个自命不凡，女子虚荣做作，他们皆非有血有肉的灵魂角色。但总的来说，《美国人》这本书的确值得一读。

赫尔曼·梅尔维尔的《白鲸》

现在，我要介绍一部伟大的著作——《白鲸》。我曾孤身一人置身海岛，兴致勃勃地阅读过梅尔维尔的"南海历险"系列丛书《欧穆》和《泰皮》，但读罢也再未动过重读的念头。我虽未读过《皮埃尔》，但也接受一些有资历的评论家所言，他们认为梅尔维尔在著此书之时便已跌落神坛。可同时我也认为，单《白鲸》一部小说便足以成就梅尔维尔的大名。伟大的作家免不了会有些特殊的癖好，他们津津乐道于此，殊不知读者早已不胜其烦，《白鲸》中的许多章节便包含了此般内容（如古文物研究和鲸鱼的习性变迁等）。但通读全文，你又将百感交集：激动、好奇、猜疑，乃至热血偾张。你将感受到律动的生命、既定的人生以及邪恶的力量，一切都平平无奇却又令人不寒而栗、张皇错愕。最后，你将被这样的情绪彻底击垮，但冥冥之中却又重获生机。倘若一部作品能够令读者的情感和思想产生如此跌宕起伏的神奇效果，那么它的艺术造诣之高，定会令它的作者引以为豪。

马克·吐温的《哈克贝利·费恩历险记》

无论在什么样的情况下，我都很难，甚至不可能三言两语便将我所说的"美国风情"解释清楚。你可以将其理解成一种用以区分写作背景的文学特性，是特定社会环境影响下的必然产物。就这一点而言，马克·吐温的《哈克贝利·费恩历险记》便是绝佳范例。这本书内容丰富，字里行间都彰显着民族特色，且成就之高远胜于他的其他作品，堪称地地道道的美国文学，真正的大师杰作。

马克·吐温是一位幽默文学家，生活在一个学术权威皆对幽默嗤之以鼻的年代，死神并未垂怜于他，但死亡却为他正了名。如今，他已是享誉世界的美国文豪。

因此，我在此只谈一事，无须其他赘述。马克·吐温在撰写《密西西比河上的生活》时，常斟词酌句，力求展现文人墨笔，但最终却流水账似的成就了一部"新闻报道"。《哈克贝利·费恩历险记》则不同，他将幽默的创作理念应用于这本书的角色塑造中，以本土化的语言风格书写了一部永恒的英雄传奇，也为当代标新立异的文学大家奠定了本土化创作的风格基础。他告诉我们，绘声绘色的创作风格其实就在我们身边，亲朋好友的闲言谈话恰恰是最佳的写作素材。

哈克贝利·费恩十分讲究遣词造句，绝非目不识丁的稚气少年，倘若有人认为他的谈吐风格皆是马克·吐温在"具象写实"，那便大错特错了。或许是因为马克·吐温认为第一人称的通俗口吻有失文学写作的体面，所以他才会使用我们都乐于接受的文学表述，让我们相信这些话确是出自小英雄费恩之口，也让深陷桎梏的美国文学得到了彻底的解放。

《哈克贝利·费恩历险记》是一部情绪饱满、富有生机的流浪汉小说，充满了各种各样的奇思妙想。它在流浪汉小说界的地位足以比肩《吉尔·布拉斯》和《汤姆·琼斯》这两部著作。倘若马克·吐温没有在最后几章加入汤姆·索亚这一角色，或许能够成就一部完美无缺的著作。

艾米莉·狄金森的诗

我必须再谈谈艾米莉·狄金森。我对她的评价可能会得罪许多身居美国的读者，因为我认为人们对她的溢美之言往往言过其实。她被誉为美国诗坛的巨匠。但诗无国界,诗人亦是如此,我们对诗人的评价不应受到其生活环境的影响。艾米莉·狄金森曾经历一段失败的恋情,独居多年,可她的诗并未因此而添光增色;爱伦·坡嗜饮烈酒,对待他人的关怀毫无感激之情,可他的诗也并未因此腐败堕落。

艾米莉·狄金森的诗作精华可见于诗选合集,她文笔中的智慧、悲情和干练在这些诗作中体现得淋漓尽致。倘若大部分的诗选集在挑选收录作品时少些斤斤计较的吝啬,其内容可能会比现在丰富得多。艾米莉善于在吟唱的过程中探索音律的对仗和起伏,通过语言来表达情感,从而即兴发挥出最高的创作水准。但这样的过程在她的创作生涯中实在少之又少。

沃尔特·惠特曼的《草叶集》

最后,我想谈一谈沃尔特·惠特曼。我将他放到最后来谈,是因为我们终于在他的《草叶集》中感受到了纯粹而丝毫不受欧洲文化影响的美国特色。我在文章的开头便说过,读书要侧重于"享受",而非关注书籍的其他优点。《草叶集》确是一部意义非凡的著作,但惠特曼的创作风格不拘方正,诗坛罕见,美中不足也在所难免。

惠特曼的职业生涯始于辉煌,但或许是因为他发现自己的写作风格过于平凡,又或许因为他执着于长篇大论而忘乎所以,导致他常常在山穷水尽之时了无休止地赘述无关紧要之事。有时,他会以《圣经》文言的韵律作诗;有时,他又会以17世纪的素体风格作诗;再有时,他甚至会采用粗俗而平庸的散文体,内容不甚悦耳。

《草叶集》是一本随手翻开就能够阅读的书,它的每一页都可以作为阅读的起点。假如将美国文学的发展史比作一棵参天大树，那么各分枝便代表了欧·亨利、林·拉德纳、西奥多·德莱塞、辛克莱·刘易斯、薇拉·凯瑟、韦切尔·林赛、尤金·奥尼尔和埃德温·阿灵顿·罗宾逊，而这棵树的主干部分则代表了沃尔特·惠特曼。

欧陆文学——收获阅读的乐趣

现在，让我们跳脱"英文"这一局限，谈一谈以其他语言书写的作品。书籍的阅读价值应该体现在享受阅读的过程之中，因此我接下来要谈论的书，皆是我虔诚拜读之后自觉大有收获的著作。同时，我也只谈那些拥有译本的著作，以及那些能够让我轻而易举便收获阅读乐趣的作品，如此一来，我便可以暂时将诗歌抛诸脑后。因为读者要鉴诗，就非读原著不可，否则还不如干脆不读。我并非诗人，论诗的角度自然不同，我认为诗歌的声韵是读者收获满足感的重要来源，纵有译者的精妙转换，也无法尽然传达其神韵。再者，语言是社会联系的基础，我们的母语从襁褓婴儿到天真幼童，再到初识爱情的过程中逐渐根深蒂固，因此只有那些用母语写成的诗歌，才能让我们感同身受。我曾在某正式场合听到一位来自印度的教授引述莎士比亚的经典独白，他口音奇特，优美的诗句经他转述，瞬间意境全无，简直不堪入耳。

塞万提斯的《堂吉诃德》

我要推荐的第一本书是《堂吉诃德》，谢尔顿的译本早在伊丽莎白时代便已问世，但我更推荐奥姆斯比的重译版，因为你可能会在阅读前者的过程中发现诸多不便。同时我也想提醒你们：塞万提斯是个清贫之人，他的部分创作纯粹是生活所迫；有人甚至猜测，他收录在册的部分短篇故事存在滥竽充数之嫌。我读过这些故事，但正如约翰逊博士读《失乐园》一样，我们皆是为了阅读而阅读，并未真正享受其中——如果我是你，我宁愿忽视它们的存在。此外，奥姆斯比的译本为了完整收录这些短篇，采用了更小的印刷字体。

然而所有的这些缺憾，都不足以影响你对《堂吉诃德》的期待，也不影响你对堂吉诃德和忠仆桑丘·潘沙的解读。堂吉诃德心地善良，忠诚而热心，他的倒霉事迹总是让人们忍俊不禁。然而我们的恻隐之心终究浓于古人，命运对他的残酷捉弄也无法激起我们幸灾乐祸的情趣。除非你能够冷眼旁观这一切，否则定会打心底敬重并喜爱这位"愁颜骑士"。我想，人类的智慧还从未创造出如此具备人格魅力的角色。

歌德的《威廉·迈斯特》

现在，我想要穿越几个世纪的时光，向你们力荐一部歌德的著作——《威廉·迈斯特》。大多数知其名目的读者认为这本书晦涩难懂，阅读难度很大，但译者卡莱尔倾尽心血，终为我们呈现了合格的译本。歌德的志向始终放眼于世界，而非以本国代表的身份自居，这样的观念并不符合当权者的意志，因此他在目前德国文坛的地位颇受争议，即便是现任统治者掌权之前，《威廉·迈斯特》在德国也鲜有人问津。

一次在柏林，我和众多知识分子相聚一堂，共同探讨各自心目中的上乘之作。我满怀钦佩地说出这本书的名目，却发现场内众人无不瞠目结舌。他们之中无一人读过这本书，且纷纷认定它枯燥乏味，不堪一读。为了打破僵局，我只好郑重其事地向他们推荐了这本书。几个月后，我与其中几人再度相遇，欣然听闻他们皆已在我的建议下拜读此作，且对我的文学品位也大有改观。我认为《威廉·迈斯特》是一部趣味十足、意义非凡的著作。它为18世纪伤情小说画上了圆满的句号，也为19世纪浪漫主义小说开创了历史的先河；与此同时，作为自叙体小说的先驱之作，它也为后世留下了丰富的文化遗产。

多数自传体小说中的英雄人物，身上没有太多的光环，这本书自然也不例外。究其原因，我也无法确切表述清楚。

或许是因为我们在叙述生平之时，往往因理想和现实间的巨大差距而陷入迷茫，因感念错失良机的遗憾而变得郁郁寡欢，以致最终向读者呈现出一个郁郁不得志的消极形象；又或许，我们总是下意识地认为他人的阅历丰富、精彩而浪漫，自己的生活沉闷至极，纵有生花妙笔，也无法书写出别样的人生。然而，歌德却以这样一位平凡的角色为主线，向我们呈现出一连串妙趣横生的见闻。他笔下的其他人物，也都围绕这位主角，展现出各自天马行空的性格特色；与此同时，歌德也通过这位主角间接表达了自己对诸多问题的看法。

至于歌德的其他作品，首先，我不推荐你们去读《游记》，因为它实在叫人难以忍受。其次，《威廉·麦斯特的学习时代》倒是值得一读，虽然这本书富有诗意，给人的第一印象是晦涩与乏味，但读者完全可以略过自认为无聊的部分，硬着头皮读下去。卡莱尔读到此书之时，曾自称六年以来从未有过如此收获，但同时他也说过："歌德是百年之内最伟大的天才，亦是三百年之内最愚蠢的废材。"

屠格涅夫的《父与子》

现在，让我们眺望19世纪的文坛，聚焦于三部经典的俄国小说：屠格涅夫的《父与子》、托尔斯泰的《战争与和平》以及陀思妥耶夫斯基的《卡拉马佐夫兄弟》。这里共涉及了三位作家，我打算先挑次要的来讲，此人便是屠格涅夫。

屠格涅夫是一位情感细腻的文学艺术家，善于捕捉生活中的浪漫诗意。他的气质优柔而伤感，散发着人性的光辉；他的诗歌虽不足以感天动地，但也颇具生趣，不会令人感到枯燥乏味。《父与子》是屠格涅夫的巅峰之作，他开创性地提出"虚无主义"的概念，以虚构文学的视角为共产主义的建设描绘了一副先驱者的形象。

《父与子》的主人公巴扎罗夫是一位自相矛盾的英雄人物。按照我们今天的政治观念来看，他身上的诸多特质既可以造福社会，又可以为祸人间。巴扎罗夫有他残忍的一面，但倘若你了解他的全部，又会不由得心生恻隐。同时，他的强大也不言而喻，即便英雄尚无用武之地，他也能通过豪言壮语让你深信，若是天时地利，他必将一展宏图，化理想为现实。他虽可敬可畏，却也可怜可叹。

托尔斯泰的《战争与和平》

写到这里的时候，我本打算推荐托尔斯泰的《安娜·卡列尼娜》，凭借记忆向读者表明我对二者高下的判断。但谨慎起见，我还是重温了两本著作；如今，我可以坚定地告诉你们：《战争与和平》的至高地位绝对不可动摇。

托尔斯泰通过《安娜·卡列尼娜》为19世纪下半叶的俄国社会刻画了一幅栩栩如生的历史画卷，内容丰富而深刻；但书中关于人性道德的解析占据了大量的篇幅，令我的兴致大打折扣。托尔斯泰强烈反对安娜与沃伦斯基之间的爱情，为了让读者深刻理解"唯有死亡才能尽赎罪孽"的社会信条，他以上帝的视角为安娜设定了一场悲剧的人生。按照常理，安娜大可抛开冷漠无情的丈夫，改嫁沃伦斯基安享余生。可托尔斯泰却将她写成愚蠢、无趣、苛刻和不可理喻然的代名词，终要让这位女主人公不得善终。当然，我从不否认这世上还存在千万个愚昧的"安娜"，她们皆因无知而自食其果，倒也没什么好同情的。

如果说我曾犹豫是否向读者推荐《战争与和平》，那一定是它偶尔也会令人感到乏味的缘故。我认为书中关于战争的描述过分冗长与详细，而彼埃尔在共济会的那段经历也沉闷至极。当然，这些都是可以跳过的部分，除此之外，它仍是一部伟大的著作。《战争与和平》以恢宏的篇章向我们讲述了一代人的成长和兴衰，其故事发生的背景可以从伏尔加河一直延伸到奥斯特里兹；故事中的人物形象丰富而丰满，犹如一支浩浩荡荡的军队在历史大舞台上呼啸而过。托尔斯泰对长篇巨作的处理能力可谓登峰造极，他的笔触兼具荷兰画派创作时的细致入微，和米开朗琪罗绘制西斯汀教堂壁画时一扫而过的磅礴气势，能够随情节的需要千变万化。翻开这本书，你将在汹涌而来的文学魅力中，体会人生的困顿，感慨黑暗社会背景下个人力量的渺小与卑微。这是一部扣人心弦的小说巨作，亦是一部天才之作。

《战争与和平》正式成书之时，便意味着托尔斯泰完成了对于小说家来说最难的一件事：他塑造了一个生而完美、明媚动人、活泼开朗的年轻女性角色，描绘出了小说历史上最动人心魄的主人公形象。但伟大的小说家从不会满足于此，他在故事的最后向我们呈现了最真实的人物命运——结婚生子，家庭美满。天生丽质的俊俏佳人最终因生活的烦琐变得膀大腰圆、庸庸碌碌，或许这才是最完满的故事结局。你当然会感到吃惊，但也很快就会明白：这便是人生常态。

陀思妥耶夫斯基的《卡拉马佐夫兄弟》

我曾说读书要侧重于享受，那些不能让你乐在其中的书籍，读了也无用。可现在，我又再次陷入犹豫，因为我即将推荐的《卡拉马佐夫兄弟》很可能会令我自相矛盾，我很难想象读者应该怀着怎样的心情来阅读这部充满悲情色彩的长篇巨作。但要说能否乐在其中，这恐怕完全取决于你自己。假如你真正懂得欣赏，喜欢波澜壮阔的海上风暴，沉迷于令人敬畏的森林之火和大河洪流，那么你一定能够发现这本书的魅力所在，并享受阅读的过程。

同时我也说过，我推荐的书籍必得让读者在阅读后大有收获，并通过某种方式得到精神上的满足与升华，活得更加充实。就这一点而言，我认为《卡拉马佐夫兄弟》当属我心目中排名的第一位。《卡拉马佐夫兄弟》是陀思妥耶夫斯基最具影响力的一部著作，要论文学成就的相似性，恐怕也只有艾米莉·勃朗特的《呼啸山庄》以及赫尔曼·梅尔维尔的《白鲸》能与之相提并论。这是一部非凡之作，自然不能像对待普通人的普通故事一样去阅读。而文中所述，也并非我刚才所说的海上风暴、森林之火等凡俗美景。陀思妥耶夫斯基笔下的角色都拥有各自内心阴暗的一面。他们是热情、奔放、敏感的超凡存在，掌握着强大的精神力量，却也忍受着极端的世间苦楚；他们是克制的反义词，是上帝的宣泄口，是疯子中的疯子；他们放浪形骸，但却以非同寻常的方式向我们透露着重要的信息，而我们也渐渐明白，他们在痛苦中揭示自我，其实也是在揭示人性深处隐藏的黑暗。

《卡拉马佐夫兄弟》是一部鸿篇巨制，结构松散，部分内容也略显琐碎，但除故事结尾的几个章节外，其他内容都能够深深地吸引读者。如果说书中描绘的部分画面让人极度恐惧，那么与之相对，另一部分必然散发着传奇般的魅力。我从未见过哪本小说可以同时将邪恶与崇高的品质如此巧妙地赋予同一个故事角色，我也从未见过哪个故事的主人公能够拥有如此强大的精神力量，以满腔激情和热血同时经历悲剧的考验和破碎的人生。陀思妥耶夫斯基拥有历经苦痛之人才有的仁慈和敏感，他格外悲悯于受苦受难的普通人物，因此才会发出"切莫为他人作评判"以及"爱一个人，就要爱他的全部，包括他的罪恶"这样的人生感悟。这本书并不会将读者带入绝望之地；相反，你将透过罪恶的表象发现人性光辉的非凡魅力，因此而惊喜万分。

我曾不止一次建议你们在阅读时跳过不必要的内容，这或许大有裨益，又或许纯粹多此一举。但据我猜测，大概只有学者们才会放弃这种实用的阅读技巧，细致入微地阅读那些起到润色作用的蒙田时期盛行的拉丁文引言，也只有勤勤勉勉的忠实读者才会完完整整地读完《卡拉马佐夫兄弟》最后几个章节的内容。对我来说，陀思妥耶夫斯基在审判庭上由律师代为表述的那番言论是我看一眼便能得到满足的东西，不应过分追究。

我认为我所提到的书籍都是应该完整阅读的重量级著作，但为了让读者更加享受阅读的过程，我又会建议他们跳过不必要的内容。人们的品位会随着时间而改变，著作中的某些内容也会因此变得枯燥乏味。如今，我们早已厌倦了18世纪风靡文坛的道德论述以及19世纪备受青睐的长篇景色描写。即便小说步入现实主义，我们也难以忍受作家们对细节刻画的疯狂执着，而很久之后我们才发现，只有那些紧扣主题的细节才能真正引起我们的兴趣。

学习略读的技巧，实际上是在学习享受阅读并获益其中的方法。我从未真正掌握这门艺术，因此也无法教授你们学习的方法。我常常完整地阅读那些枯燥乏味的文字，唯恐错失其中价值丰富的内容。然而我一旦开始略读，又几乎停不下来，以至于最后得不到应有的满足；我会深感"物尽未得其用"的遗憾，并陷入"早知如此，还不如不读"的懊悔当中。

法国文学——丰富多彩，博大精深

现在，让我们回过头来谈谈法国文学。

法国文学的丰富多彩，堪称世界之最，但法国人却一成不变，皆站在诗人的立场冷眼看待世界。散文艺术起源于法国，并在法国人不断的探索与发展中逐渐丰富，创造出了至高的文学成就。按照常理，如此璀璨的文化瑰宝本应及时走向世界，产生深远的影响，但直至近代，我们才得以初窥散文创作的门径，在法国文人面前自惭形秽。

法国文学发展的优势显而易见：首先，它地处欧洲中部，人口密集、资源富庶、文明程度高，是文学发展的天然胜地；其次，法式思维简明透彻、理性而中庸，更易成就散文家而非诗人；最后，法语精确而富有逻辑的特性，也有助于作家清晰而优雅地进行自我表达。法国文学博大精深，但受篇幅所限，我只能选择其中的几部略谈一二。

拉法耶特夫人的《克莱芙王妃》

我要介绍的第一部作品是拉法耶特夫人所著的短篇小说《克莱芙王妃》。这本书出版于1678年，史学家认为它开创了法国心理小说的先河。这无疑是一部趣味十足的小说，但更确切地说，是一部独一无二的现代小说。故事发生在亨利二世的宫廷，已为人妇但风采依旧的女主人公在一次宫廷舞会上邂逅了公爵内穆尔，对他一见倾心。她不爱自己的丈夫，但也尊重于他，并决定坚守忠贞。她向丈夫坦白了自己的相思爱慕之苦，同时希望得到他的帮助，从而抵挡这段不伦之恋的巨大诱惑。她的丈夫品性优良，对妻子信任有加，他深知妻子不会背叛于他，但终究发现事与愿违。人性的脆弱令他心生嫉妒，面目全非，他开始变得敏感、多疑、喜怒无常，最终不堪生活的重压，自然而然地走向堕落。这是一个动人的故事，故事中的人物都热衷于履行各自的职责和使命，他们皆是妥协于社会环境的弱势群体。故事中展现的道德也不只是人们内在精神力的表现形式，更是一种根深蒂固、毋庸置疑的人格品质。在法律屈服于情感，责任屈服于个人意志的今天，这本书具有非凡的教育意义。

普雷沃的《曼侬·莱斯戈》

接下来，我要推荐一部风格迥异的小说——普雷沃的《曼侬·莱斯戈》。这本书中的人物并不似《克莱芙王妃》中的人物那般高贵、从容，敢于直面悲惨的境遇；相反，他们敏感、脆弱，会犯普通人都会犯的错。我们不由自主地为他们所吸引，是因为从他们身上我们看到了自身的不足。这才是对人性的真实写照。就这一点而言，我羡慕那些第一次就能读到这本好书的人。

清新脱俗、自然而然、魅力十足的马农，她犯下的所有过错都令这个人物更加饱满，更加迷人。忠诚的德·格里奥爱上背信弃义的马农，他的深情又是那么的感人肺腑！懦弱？他当然懦弱。负担？她简直是莫大的负担！她残忍、自私、唯利是图、始乱终弃，但同时她又美丽、大方、温柔细腻。她的魅力永不腐朽，我认为男人们要想忘记她，恐怕得过上好长一段时间。

伏尔泰的《老实人》

现在，我们来谈一谈另一部短篇小说——伏尔泰的《老实人》。这本书篇幅极短，寥寥数页，却浓缩了作者的智慧、嘲讽、理性、幽默与荒诞故事。它成书于哲学乐观主义的盛行时期，讽刺了"我们生活的世界最为美好"这样的虚妄幻想。而损失惨重、伤亡众多的里斯本地震也曾令信奉于此的社会名流大惊失色。伏尔泰的思维千变万化，创造力也无人能及，他用冷嘲式的幽默表达自己对现世的不满，甚至不惜贬损宗教、政府、爱情、野心和忠诚等大众信仰。他眼中的道义是"宽以待人，并耕耘好自己的花园"，换句话说便是，勤勉而专注于现实经营，而非无休止地探讨哲学问题。

卢梭的《忏悔录》

下面，我要介绍一部非常重要的著作——让-雅克·卢梭的《忏悔录》。这是一本会令多数读者感兴趣的书，也是一本会令多数读者厌恶的书。但假如你痴迷于解读人性，便一定会发现它的价值所在，因为书中所述，皆是作者对自己的深刻剖析，毫无保留。卢梭与其他自传文学的作家不同，他向读者揭示自己的弱点，并非为了博取同情。他会将自己的忘恩负义、寡廉鲜耻、虚伪狡诈、下流、吝啬全盘托出，赤裸裸地呈现出卑鄙的人格，令你无法唤起丝毫怜悯之心。但与此同时，这也是他真情流露的魅力所在。他敏感而脆弱的愁绪，他令人叹为观止的小说家天分，都将深深吸引着你，无论你多么抗拒，都无济于事。

如果一个人敢于直面最真实的自己，那么当他读完这部忏悔之作，深入了解了作者的懦弱、任性、虚荣和痛苦之后，一定会进行自我拷问："我和他本质上到底有何分别？如果我来当这故事的主角，是否能够在震惊之余刻画出如此动人的形象？"因此我认为，任何人在读完这本书后，都免不了会对自己的优越感质疑，而这种自我满足的优越情绪，正是我们在困境中得以自保的精神支柱。

巴尔扎克的《高老头》

19世纪是法国小说发展的繁荣时期，孕育了百年之内最伟大的三位小说家——巴尔扎克、司汤达和福楼拜。纵观法国历史，我认为巴尔扎克当立于法国小说界的伟人之巅。他善于书写非凡，以言过其实的恢宏手笔放大邪恶的本质，与狄更斯的风格如出一辙，但他的创造力和眼界都远胜于狄更斯；同时，他用自创的编年史风格的叙事方式记录了社会历史，在一定程度上也取得了成功。阅读巴尔扎克的小说，你将走出小国寡民的局限，与世界的命运建立深刻的联系，并以更高的眼界解读家国大事，而非个人的兴衰荣辱。我认为巴尔扎克是深刻意识到叙事重要性的第一位小说家，他笔下的人物或坐拥店铺，或下海经商，各有生财之道。他虽像众多小说家一样大篇幅地描写爱情，但也将金钱定义为社会发展的动力。他文笔欠佳，好走极端，甚至毫无品位，却充满了创作的激情与活力，能够塑造出另类不羁的人物形象，从而迸发出浓烈壮阔的生机。巴尔扎克常因过分夸张的文笔特点受世人诟病，但我想，既然风暴都需要巍峨群山和壮阔大海为其衬托，那么这些绝无仅有的人物角色又怎能甘于循规蹈矩？巴尔扎克的小说作品无不充满趣味，令人印象深刻，若只择一部进行推荐实在令人左右为难；但在我的印象中，《高老头》则最能体现其风格百变、扣人心弦的著作风格。

司汤达的《红与黑》

司汤达的小说，我要首推《红与黑》，而如果你可以像我一样喜爱这本书，那么我将再向你推荐他的另一部小说——《帕尔马修道院》。司汤达是我最喜爱的小说家，我欣赏他平易近人、一语中的的写作风格，也钦佩他沉着冷静、深刻透彻的心理分析。他具备高度敏锐的洞察力，能够细致入微地捕捉人物的内心活动。他崇尚精力十足的坚韧品质，不惜倾注全部的心血来塑造他想象中的完美角色——他们胸怀壮志，面对困境和阻碍一往无前。他们为达目的决不罢休，哪怕身负罪恶也在所不惜。在我看来，《红与黑》前三分之二的内容精彩绝伦，可谓前无古人。但这样的精彩随即便走向衰败，我想原因只有一个：这部小说取材于现实生活，但小说中的人物朱利安·索雷尔却脱离了现实发展的轨迹。这几乎是每部小说都会遭遇的尴尬局面，然而，司汤达为了挽救这个与现实环境格格不入的小说人物，生硬地将他拉回了预定的故事发展之中。此时你将困惑地发现，那个肆无忌惮、意志坚定的野心人物竟如此不计后果地表现出他愚蠢的一面，实在令人难以置信。

福楼拜的《包法利夫人》

接下来，我将介绍福楼拜的《包法利夫人》，一部现代小说历史上里程碑式的著作。近日，我重温这部小说后发现，福楼拜对客观立场的坚持导致他的创作风格略显严肃，丧失了一定的活力，也令我对他少了几分钦佩之情。但我依旧认为这是一部意义重大的小说著作。这部小说对人物的刻画细致入微，力求逼真。耐心读完，你会发现生活的残酷竟会令普通人如此可怜、可憎。作者将最真实的人物形象呈现在你眼前，让他们受尽苦楚，苟延残喘。他们不再各自独立，且共同代表了普遍的人性。如果非要从这本书中找到人生的哲理，你便会发现——虚妄的幻想永远无法实现，它只会让你走向灭亡，同时你也将莫名地想起《老实人》中蕴含的深意——顺其自然，尽好本分，坚守善良的本心。

马塞尔·普鲁斯特的《追忆似水年华》

最后，我必须提醒各位，我们的时代同样也孕育了一位能够比肩文学伟人的小说巨匠——马塞尔·普鲁斯特。他的作品《追忆似水年华》已有英文译本，译者的鬼斧神工也原原本本保留了它原始的文学魅力，就这一点而言，我更愿意将它与上述的所有作品区分开来，进行单独介绍。普鲁斯特生平只写过一部小说，但不鸣则已，一鸣惊人，小说内容足足包含十五卷之多，颇受海内外读者的推崇。我曾写道，我宁愿品味普鲁斯特的枯燥乏味，也不愿沉溺于其他作家的幽默风趣。但当我第二次读完这本小说时，我同多数读者一样对它产生了更为清晰的认识。普鲁斯特的叙事风格重三叠四，自我分析也常令人感到厌倦沉闷，他对妒忌之心的剖析长篇累牍，往往让最忠实的读者都望而却步。但同时，他的优点也足以掩盖这些微不足道的缺憾。他敏感、细腻，富有创造思维和真知灼见，是一位伟大的原创作家；他的幽默悠远深沉，也定会令后世的读者顶礼膜拜。因此，我建议你们从头开始阅读这部巨作，并在读到枯燥乏味的部分之时，略过不读，然后重新开始。但千万别略过凡尔杜兰太太或查鲁斯男爵的部分，因为这两个人堪称当代幽默小说中最为丰满的人物形象。

总而言之，我通过这两个部分的内容向你们推荐了各种各样的小说，多有赞赏却少有负面的评价，因为倘若一本书无法以不同的方式展现其价值所在，我也就不会将其推荐给你们。同时，我对其作者也或多或少有所介绍，我就像一名议会成员，拼尽全力地想要拉近我与选民间的关系，一边轻抚简·奥斯汀的下巴，一边拍拍歌德的头，再对陀思妥耶夫斯基点头以示友善。我实在不知我还可以做些什么，来充实一份干巴巴的书籍名录。此外，受篇幅所限，我也只能简明扼要地向你们介绍这些书籍，并至少说出一些充分的理由来激起你们的阅读兴趣。我希望你们能够通过阅读我所推荐的这些书，收获精神上的满足，并乐享其中。同时我也希望你们在重温这些书籍时，印证我之前所说，确有思想境界上的提升，并收获书籍各自独一无二的宝贵价值。

蒙田的《蒙田随笔》

法国文学博大精深，我认为应该列出名目的经典著作数不胜数，可一旦开始叙述，我又深恐受篇幅所限而不得不省略其他优秀的作品，这对于读者而言无疑是一笔巨大的损失。所以，我虽不愿在此大谈法国文学，但还是想介绍一部题为《蒙田随笔》的散文集。它同样刻画了一位男性主人公的形象，一位与堂吉诃德风格迥异的灵魂角色。他可以轻而易举便赢得你的好感，成为你珍视的好友，即便你们只是萍水相逢，点头之交。

蒙田通过众多散文可谓完完整整地将自己呈现在了读者眼前——他的品位、古灵精怪和人性弱点，毫无保留。阅读蒙田的散文，你将逐渐走进他的内心世界，认识他的全部，同时重新认识自己。因为他冷静而幽默的自我审视，最终反映的不只是自己的本质，还有普遍的人性。关于蒙田是否持怀疑论，世人众说纷纭，"问题的答案总有两面""事无定论之时应保持开放态度"，倘若这样的观点称为怀疑论，那么我想蒙田确实如此。但恰恰也是这样的怀疑态度赋予了他包容的美德、探索人性的好奇心以及享受生活的态度，最终又造就他广阔的胸襟；倘若世人皆具备这样的品格，何愁不能创造一个幸福和谐、其乐融融的社会？

蒙田的散文，任择一篇阅读都是享受，但要真正领略其精髓，则最好阅读这本书的第三部分。此处散文皆篇幅较长，充分展现了蒙田"论此及它"的叙述风格，同时，严肃而不失诙谐的整体论调又以自信十足的大家手笔向读者揭示了流浪精神的本质。阅读此书之时，切莫"以题论文"，因为蒙田取题向来与其内容无甚关联。例如，题为《论维吉尔之诗》的散文实则是一篇研究法国文字的专题论述，是蒙田笔下最动人的篇章之一，其间评论皆是些循规蹈矩之人听了都会面红耳赤的坦率直言。

Ⅳ

┤ 书与我 ├

我万里独行，沿着自己为自己设计的道路砥砺前行，不断通过作品追求自己梦寐以求的人生。

我就是我，不是其他人

我的周围都是年轻人，从天赋来看，他们似乎比我更加优秀。他们拥有写作、绘画、作曲的特殊"才能"，具备高超的艺术鉴赏力和批判性思维，令人心生妒忌、望尘莫及。这些人当中，有的壮志未酬，便已经轰然离世；有的默默无闻，依然长命百岁。现在我明白了，他们所拥有的，不过是青春赋予的创造活力；写文、作诗、弹琴、画画，不过是许多年轻人都有的本能，是游戏的一种形式，仅仅得益于年轻时旺盛的精力，不比小孩子用沙子建造城堡更有意义。我甚至怀疑，是不是因为自己过于天真，所以才总是羡慕朋友们傲人的天赋。而如果我没有那么无知，或许也可以发现：自己眼中的新颖观点只不过是他人眼中的二手货色，他们创作的诗歌和音乐，原来归功于良好的记忆力，而不是活跃的思维。我想说的是，这种"才能"如果不是普遍的，那便是普通的，人们从中得不出任何结论。青春就是灵感。艺术的悲剧之处便在于，大多数的人会被这种转瞬即逝的丰产误导，从而全身心投入创作。随着年龄的增长，创造力的逐渐流失，他们将无法适应更加乏味的工作，面临漫长的空洞岁月。于是，他们试图再度创作，殊不知大脑已经疲惫不堪，无法继续提供他们所需的各种素材。可他们终究是幸运的，因为即便如此，他们还可以继续从事与艺术相关的工作，进入新闻或教育等行业。

　　当然，艺术家都是天生具备这种"才能"的人。没有这种才能，他们便无法拥有天赋，不过这种才能也只是天赋的一部分。人一生下来，便各自独立，生活于自己的一方孤寂世界中。随着信息的不断涌入，以及人们彼此间思想上的交流，我们才开始构建对外部世界的认知，用以满足自身的各种需求。因为我们都是同一进化过程的产物，且共同生活在相对类似的环境当中，所以我们认识的世界也就大致相同。同时为了方便起见，我们通常也认为我们各自眼中的世界完全相同，并将其称为同一个世界。艺术家的特别之处就在于，他在某些方面异于他人，因此他眼中的世界也有所不同，而这种异于他人的特质正是他才能之中的长处所在。一幅画所展现的内心世界，如果能够因为新鲜感、独特的魅力或者共鸣之情吸引一定数量的观众，那么其作者的天赋便会受到认可（之所以如此评判，是因为我们不是他的邻居，与他生活在不同的环境之中。而我们眼中的同一个世界，也并不为每一个人所接受）。如果是一位作家，他便会尽量满足读者本质上的一些需求，让他们摆脱现实环境的束缚，获得更多精神上的满足。然而，有些人并不为这种特质所吸引，他们对这个通过艺术手段构建的世界没什么耐心，甚至非常排斥，因此结果便是，艺术家对他们无话可说，他们也会否认艺术家的天赋。

　　我不相信天才与天赋完全不同，也无法确定二者之间的区别是否可以表示艺术家们才能之间的巨大差异。比如，我认为塞万提斯在写作方面并没有特殊的天分，可几乎没有人否认他是个天才。同样，要找出英文文学领域内，比赫里克更有天赋的诗人也非常困难，可依旧没有人承认他除了讨喜还有什么特殊的天分。对于我来说，天才是各种创造天分的集合，往往附带一种特质，能够让其拥有者以至高的眼界观察整个世界。而特质之外，还存在一种普遍性，使天才的魅力不仅可以吸引这类人或那类人，还可以吸引所有人。天才的内心世界与普通人没什么不同，不过更加充实、凝练而已。他们的沟通方式也很普通，虽然人们未必能够深刻地理解他们要表达的意思，但也能感觉到它的重要性。天才也是正常人，他们看待世界的方式刚好与普通人一样，积极、健康，就好像未来充满希望。就像马修·阿诺德说的，他们平静地观察着整个世界。可天才百年难得一遇，用解剖学应用中的一句话说便是：正常是最罕见的一种品质。如今，许多人评判天才的标准十分随便：写几部像样的剧本、画几张不错的景致，便可以称为天才，简直愚不可及。天分是难得的好东西，可拥有天分的艺术家也只能跻身二流。不过，他们也不必为此而感到困扰，因为二流之中已经包含许多响当当的人物，他们的作品无不拥有某些非同寻常的优秀品质。此时，他们只要想到《红与黑》《什罗普郡的浪荡儿》，以及华托的画作也同属二流，便无须自惭形秽了。天分的运用无法达到极致，却可以趋于极致，向人们呈现诸多意料之外的美景——如寂寞的幽谷、喧嚣的河流，或者浪漫的山洞。冲动是人类的本性，可因为冲动而进行最广泛的人性探索时，它也有踌躇不前的时候。就像领略了托尔斯泰《战争与和平》的磅礴气势之后，冲动便会消减，随即与心满意足的情绪一起转移至伏尔泰的《老实人》。西斯廷礼拜堂内米开朗琪罗的穹顶画，久看必然厌烦，可索尔兹伯里大教堂中康斯太布尔的任一幅画，却始终百看不厌。

　　我就是我，不是其他人，且因为本性与生存环境的共同影响，这里的我只能算是不完整的半个自我。我同情心有限，不善交际；也不会酩酊大醉才发现自己深爱着每一位同胞。交际、娱乐多少令我感到厌烦；别人坐在酒馆里，或泛舟漂流而下、开始歌唱时，我总会保持沉默；我不喜欢与他人产生肢体接触，因此有人勾肩搭背时，我总会下意识提醒自己不要故意挪开；我总是过分在意自己的存在；这世界的歇斯底里让我厌恶，虽然我总是混迹人群之中，可无论别人屈服于猛烈的欢喜，还是悲痛的来袭，我都无动于衷，倍感寂寥；虽然我多次身陷爱河，但从没有体验过两相情愿的感觉。我知道爱情是这世间最美好的东西，也知道几乎所有人或多或少都曾享受过它的甜美。我爱过的，都是那些对我漠不关心或者毫不在意的人；而爱过我的，也都令我感到非常为难。这是我始终不知该如何面对的困境，因此为了不伤害他们，我总是装出一副热情的样子。当然，我也曾试图以温和或粗暴的方式，挣脱这种一厢情愿的束缚。我恨自己的独立，恨自己的顽强固执。我不知道正常人的七情六欲是什么滋味，因此我的作品也难免缺乏亲和力、人情味以及生动安详的品质。

有人曾给过我一些小小的指引

我衷心希望，自己年轻时能够拥有一位明智的导师来指导我阅读。一想到这里，我便会懊悔自己曾经浪费那么多时间，读过那么多没有意义的书。不过，也确实有人曾给过我一些小小的指引，那人是我前往海德堡时，与我同住一个屋檐下的年轻小伙，我已经不记得他具体叫什么名字，就先叫他布朗吧。

他二十六岁，刚刚从剑桥毕业便做了律师。当时，律师的收入不是很高，而物价也不算昂贵，因此他有点儿小钱，足够过活。日久天长，他逐渐发现自己不喜欢法律这一行业，于是便前往海德堡学习德语，决心进入文学领域。我与他一生相识，长达四十年之久。其中二十年，他以自娱自乐为主，思考一旦开始写作，自己应该写些什么；另外二十年，则于懊悔中度过，思考如若天道有情，自己本可以写些什么。他写了大量诗歌，既缺乏想象力，又缺乏激情，耳朵还出了毛病。其间好几年的时间，他都踩在前人的肩膀上，重新翻译柏拉图的对话。可我严重怀疑，他到底有没有坚持到底，翻译过一部完整的作品。他缺乏意志力、多愁善感、爱慕虚荣；身材矮小，但五官精致，长相俊俏，拥有一头飘逸的鬓发；他的眼睛呈浅蓝色，脸上总是一副依依不舍的神情。他就是人们想象中诗人该有的样子。他慵懒了大半辈子，到头来成了一副绝顶、消瘦的模样，就像一位醉心于学术研究多年的大学教员，对其他事情毫不关心；他的精神面貌，好似一位持怀疑论的哲学家，已经洞察了生存的本质，且明白世间除了名利再无其他。他积蓄不多，却喜欢挥霍，当生存难题摆到他面前时，他却只想接受别人的施舍，不愿起身工作，可到头来，既没有人慷慨救济，也没有人愿意给他份工作。他非常自满，且从未想过改变，所以他既可以忍受贫穷，听天由命，又可以接受失败，满不在乎。我想，他可能从未察觉自己是个可恶的骗子。他的一生于谎言之中度过，可直到最后一刻，还依然认为此生没有虚度。他拥有一定的魅力，没有嫉妒之心，虽说过于自私，但也不是不近人情。而且事实上，他拥有一定的文学鉴赏力。

在海德堡山间散步时，我们还讨论过几本书。他谈到意大利和希腊，虽然没有多少实质上的内容，却依然点燃了我年轻的想象，驱使我开始学习意大利语。我就像一位瞬间改变信仰的人，接受着他向我讲述的一切。我不能因为他打开了我求知的心扉，让我迷上了几本后来发现没那么优秀的作品，便责怪于他。当我阅读《汤姆·琼斯》时，他向我推荐《彷徨中的戴安娜》，即便他信奉柏拉图主义，也仍然给了我雪莱翻译的《会饮篇》。他谈起勒南、纽曼主教和马修·阿诺德，还说阿诺德略显平庸，还谈起斯温伯恩的《诗与谣》、奥马尔·海亚姆。许多四行诗，他都牢记于心，待散步时朗诵给我听。我一边沉醉于伊壁鸠鲁浪漫的享乐主义，一边忍受着朗诵带来的尴尬气氛，因为他就像一位高教会派的助理牧师，于昏暗的教堂地下室中诵经布道。可要想成为知识分子，而非市井俗人，就必须以沃尔特·佩特和乔治·梅瑞狄斯这两位作家为楷模，且为了达到这一目的，我愿意接受一切中肯的建议。

于是我前仰后合地读完了《夏巴特修面》，认为这本书非常幽默，接着又读了乔治·梅瑞狄斯的好几部小说，故作惊叹地称其十分精彩。我的敬仰之心全部都是假装的，而我之所以敬仰，是因为羡慕年轻人固有的创作才能。我沉浸于自己的阅读热情，不愿倾听自己无病呻吟、吹毛求疵的微弱心声。我非常清楚，这些小说之中尽是浮夸的辞藻，可奇怪的是，只要读一遍，我就会想起第一次读它们的时候。就像某个阳光明媚的早晨，思维正在从沉睡中苏醒，我回想昨夜的青春美梦，认为这些小说的内涵无比丰富。所以即使我合上梅瑞狄斯的一本小说，对于它的虚伪感到气恼，对于它的势利感到厌恶，对于它的冗长感到难以忍受，且暗想永远不会再读另外一本时，我还是会心软，认为它十分精彩。

此外，我读沃尔特·佩特时却没有这样的感觉，也没有产生类似的兴奋情绪。对于我来说，无论如何往好处想，他似乎都没有什么优点，且他本人也从未承认自己有什么过人之处。我认为，他就像阿尔玛·塔德玛的画一样，了无趣味。他的散文，既不流畅，也没什么氛围，就像手法平庸的匠人为了装饰车站餐厅，于墙上精心绘制的彩色图案。他目空一切，十分讲究，与世俗生活格格不入，简言之，就是一幅令人讨厌的老学究派头。鉴赏艺术需要热情和力量，而非不温不火地贬损，不能因为惧怕挑剔的目光而故意远离公众。可沃尔特·佩特是个软弱的人，似乎做不到这一点。我所讨厌的，单单是他这个人，因为他正是文学界的一种典型：平庸之至、讨人嫌恶，对文化充满自负的情绪。

文化的意义在于，它能够对人的品性产生影响，既可以培养人们高尚的情操，又可以增强人们的精神力量，倘若做不到这些，它便毫无用处。文化的作用是指引生活，目的是培养美德，而不是故作优雅。我们都知道，文化会令人产生自我满足的情绪，就像学者纠正某处引文错误时，都会露出心满意足的微笑。鉴赏家发现别人正在夸赞他并不喜欢的画作时，也会做出痛苦的表情。读一千本书的意义，并没有大于耕一千块土地。各行各业都有其所长，有其所短。知识分子愚蠢的偏见便在于，他们认为只有自己的知识才能够发挥作用。真、善、美的品质人人都可以有，并非那些贵族学校出身、经常出入图书馆、博物馆之人的特权。艺术家没有任何理由认为自己高人一等。马修·阿诺德反庸俗主义的立场，实际上是对文化的一种辱没。

对我来说，读书就是探险

　　十八岁时，我便通晓法语、德语和部分意大利语，可我有时又不得不承认，自己文化水平有限，某些方面一无所知。只要有书，我就会拿起来读，以满足我对这个世界无穷无尽的好奇心。无论是秘鲁的历史、某个牛仔的回忆录、普罗旺斯诗歌相关的论文，还是圣奥古斯丁的《忏悔录》，我都愿意一一去读，而我也因此了解了诸多小说家必备的基本常识。生活总是充满了不确定性，谁都想不到，一个小小的知识点究竟会在什么时候派上用场。我列过好多张书单，大部分已经不知所终，可此时，其中的一张刚好就在我手上，上面列出了我两个月内读过的所有书，乍一看，我都有点儿不相信自己的眼睛。书单上显示，我读了三部莎士比亚的戏剧、两卷蒙森的《罗马史》、大半部朗松的《法国文学史》、两三部小说、几部法国经典著作、几本科普读物以及一部易卜生的戏剧。我真是个勤奋好学的好徒弟。在圣托马斯医院的那段日子里，我系统阅读了英国、法国、意大利和拉丁文学。我读过很多历史、科学读物，也读过少许哲学方面的著作。我好奇心极强，总是迫不及待地读完一本书，再迫不及待地开始另外一本，因此几乎没什么时间思考读过的东西。对我来说，读书就是探险，我满怀兴奋地开始阅读一本名著，如同一个智勇双全的年轻人要上场为自己的队伍击球，或是一位漂亮的女孩儿要去参加舞会。时不时便会有寻找新闻素材的记者，问我生命中哪一刻最为激动，而我有时也没什么不好意思的，便回答说，是我开始读《浮士德》的时候。遇到精彩的书，刚开始读的时候，我便会感到热血沸腾，时至今日，这种初见的兴奋也从未消减。对我来说，阅读就像聊天和打牌，是一种消遣，而且是一种必不可少的消遣方式。哪怕剥夺我一小会儿阅读的权利，我都就会像瘾君子一般寂寞难耐。就算什么都不读，我也会看看某张时间表或某份目录打发时光。因此，我仔细读过陆海军消费合作社的价目表，读过二手书商名录和拉丁字母表，还一度以此为乐。我甚至认为，这些充满浪漫主义气息的文字，比大半部分写出来的小说要有趣得多。

我不是个书呆子，我也会有放下书本的时候，毕竟人生只有一次，而生活才是我们生存的意义。我之所以徜徉于书海，是因为我认为，书籍是获取写作经验的必要来源。可有时我又十分困惑，发现自己似乎也只是为了获得经验。对我来说，仅仅成为一名作家似乎还不够，因为我为自己设计的人生，是尽最大的努力做好一个自然的神奇造物——人。我要做一个普普通通的人，体验这世间最普遍的快乐和痛苦。我认为，感官需求完全没有理由屈服于精神需求，所以我决心从社会交往、人际关系、吃、喝、玩、乐、艺术、旅行之中，实现一个人应该实现的所有价值。可即便要努力做好一个人，我也会在奋斗之余稍事休息，回归书本，与自己为伴。

我读过很多书，可到头来依然是个差劲的读者。我读得很慢，也不怎么会略读。一本书哪怕再怎么糟糕，再怎么令我厌烦，我都很难半途而废。那些没有从头到尾读完的书，我扳着手指头就能数得过来。同时，我也几乎没有将一本书读过两遍。我知道书读百遍，其义自见的道理，可读完一遍以后，我就已经满足于当下。我可能会忘记书中的某些细节，但只要闭上眼睛回味一番，依然能感受到书本中无尽的魅力。我认识许多习惯一遍又一遍阅读同一本书的人，他们只用眼睛观察，而很少用心去体会。他们读书，就像藏族人转动经轮，是一种机械式的劳动。虽然没什么坏处，但如果有人视其为明智之举，那便大错特错了。

自己的观点才是最重要的

　　年轻时，我总是以权威的评论家们马首是瞻，认为他们对某一本书的观点一定是正确的，而我自己的观点则一定是错误的。我不知道他们有没有时常借鉴传统观点，也没想过他们会不会不懂装懂，佯作专业人士。很久以后我才意识到，对于艺术作品的鉴赏，只有自己的观点才是最重要的。如今，我对自己的判断力已经非常自信，因为四十年前我对于某些作品的主观感受，以及那些因为不顺应思潮而被我置若罔闻的观点，如今都已经普遍为世人所接受。可即便如此，我仍然喜欢阅读他人的点评，且一直认为，书评是一种非常令人赏心悦目的文学形式。读书，不只是为了提升精神境界，偶尔也只是单纯地为了打发时间。因此，花几个小时读一卷书评，也算是一种愉悦身心的休闲方式。意见相同固然有趣，意见不同也很有意思。对于亨利·莫尔或理查森这样可能没有机会了解的作家，我们可以从别人口中得知一些关于他们的趣事。

　　书中最重要的，便是那些对你来说意义非凡的内容，而这些内容，对于评论家而言，甚至可能拥有其他更加深远的含义。可这些含义一经表述，便代表了他们的观点，对于你来说通常是没什么用处的。我读书的目的不是"读"，而是通过"读"实现自我的提升。评判一本书不是我的分内事，我要做的是像变形虫吸收异体微粒一样，汲取书本中的营养。而那些无法为我所用的观点，我碰都不会碰，因为它们始终与我无关。我不是学者，也不是学生或评论家，我只是个作家，只读那些能够提供职业性帮助的书。因此，即便有人可以推翻盛行几个世纪的托勒密学说，成就一部革命性著作，我也不见得就要去读它。小说家没有必要精通各种主题的写作，他们只需专攻自己的领域即可。而有时，涉猎广泛甚至不利于写作，因为稍有不慎，作家便会因为专业知识的使用不当而深陷困局。此时，小说作家过于专业反而不太明智。行业术语的大量使用盛行于20世纪90年代，因此当时的文章读来简直异常枯燥，而如果能够摈弃这种做法，他们则绝对有可能一扫冗长乏味的消极印象，展现生动逼真的文学效果。小说家应当了解主题人物身上发生的大事，且通常只需要略知一二即可。不过即便知之甚少，话题的范围也仍然非常广泛，而我的工作，也总是限定于那些对于写作目标而言意义重大的方面。作者对自己笔下人物角色的了解似乎永无止境。阅读传记、回忆录与技术方面的著作时，我们往往可以发现诸多隐秘的细节描写、真情流露的感人瞬间，以及揭示真相的蛛丝马迹，而这些，或许永远无法直接从活生生的原型人物身上找到。理解一个人是非常困难的，而引导一个人吐露自己的心声，更是一项进程缓慢的艰巨任务。读心不似读书，书读完可以放到一边，可人心不行，你必须将其当作一本书，完完整整地进行阅读。可人心终究是难测的，即便你勤勤恳恳，到头来也有可能发现自己一无所获。

经典文学是文学创作最丰富的灵感之源

一些迫切想成为作家的年轻人经常跑来恭维我，要我为他们开列一份必读书单。可拿到书单以后，几乎没有人可以严格执行。他们似乎没什么好奇心，也并不在意前辈们都做过些什么。他们自以为读过两三部弗吉尼亚·伍尔芙的小说、读过E. M. 福斯特、D. H. 劳伦斯以及《福赛特世家》，就已经彻底了解了小说创作必备的一切知识。不可否认的是，当代文学魅力十足的生动品质，正是古典文学所欠缺的，而年轻人也有必要了解一下当代作家们都在写些什么，是怎么写的。文学之中存在诸多风尚，而当下正好风靡一时的写作风格，其内在价值究竟为何，一时间是很难说清楚的。此时，那些古老的伟大著作便可以用作很好的参考标准。不知是不是因为蒙昧，许多年轻的作家明明才智双全，却在文学的道路上屡屡败退。他们的作品既精彩又成熟，可往往只写两三部，便辍笔不耕、戛然而止。我们都知道，伟大的著作可以丰富一国的文学宝库，而要想做到这一点，作家们需要付出的努力，可不止两三部作品这么简单。真正的大师之作可谓万中无一，他们的诞生需要诸多幸运条件的共同作用。无师自通的天才或许存在，可他们的幸运只是偶然，真正值得仰赖的还是艰苦卓绝的不懈奋斗。同时，作家要想做到高产就必须与时俱进，让身体和灵魂不断体验新鲜的事物。而经典文学正是文学创作最丰富的灵感之源。

艺术作品的诞生需要一定的积累，并非天降奇迹。土壤再怎么肥沃，也必须进行施肥。艺术家必须通过不断的思考和努力，加强、夸大、多样化自己的个性，犁一遍自己的土壤。随后，他又必须等待播种时节的降临，像信奉基督教的新娘一样等待着天降神启，准备迎接全新的精神面貌。此时，他会耐心经营着自己的业余爱好，无意识地进行神秘的创作，直到不知从何处而来的迷思突然涌现，灵感就此而生。可这小小的灵感就像种在石地上的小麦，非常容易凋谢枯萎，必须无微不至地加以照料。它是艺术家施加所有精神力量的受体，是一切技巧、经验、性格、特征得以体现的基础。因此，他必须历经千辛万苦，才可能以最恰当的方式，完完整整地表达其全部内涵。

为了回应许多年轻人提出的请求，我经常建议他们读莎士比亚和斯威夫特的作品，也总是耐心地聆听他们诉说各自的情况。有人说自己上托儿所时就读过《格列佛游记》，上学时就读过《亨利四世》，还有人说自己认为《名利场》难以忍受，发现《安娜·卡列尼娜》毫无意义。可对于我来说，这些都是他们各自的喜好，与我无关，也无可指摘。一本书，除非你可以享受其中，否则便完全没有什么阅读的价值。不过对于这些作家来说，他们至少没有经历过文化自负的痛苦，也没有因文化涉猎之广而丧失对普通人的同情心，因为毕竟他们的素材正是源于这些普通人。如今，他们与同胞之间的距离更近了，创作的内容也毫无神秘色彩，创作的基础更是与其他工艺一般无二。他们写小说、写剧本，就像其他人制造汽车一样，朴实无华、毫不做作。这是一种很好的现象。因为艺术家的思想，特别是作家的思想，通常与世俗格格不入，所以他们构建的世界也自然与众不同。他们凭借自己固有的某种特征，遗世而独立，于是便产生了矛盾：他们的目标是忠实地刻画他人，但他们的天赋却阻止他们这样做。就好像迫切要看某一件东西时，却发现眼前隔了一层纱幕，那东西也变得模糊不清。作家创作之时，往往既置身其中，又置身事外，他们不会因角色而失去自我，因为他们既是演员，又是观众。诗歌是安然岁月中回忆起的情感，可诗人的情感往往异于常人，夹带着私欲。这就是为什么女人可以凭借直觉发现诗歌的不尽如人意之处。如今的作家，似乎更加接近他们的写作素材，就像一群普通人置身于另一群普通人之中，完全分不清彼此。或许也只有这样的作家，才能打破天赋的障碍，更加接近朴实的真相。

我写短篇小说

　　动笔写作之前，我通常喜欢让思想在脑海中沉淀很长一段时间。南海群岛系列的第一个故事，便是我构思四年之后才写下的。我已经很多年没写短篇故事了。我的写作生涯始于短篇故事，第一本书就是六个短篇故事的合集，写得不是很好。之后，我便时不时为一些杂志写故事。经纪人常常敦促我写出幽默的意境，可我似乎天生缺乏幽默细胞——严肃、认真、不苟言笑，还喜欢挖苦和讽刺。因此每当我试图取悦编辑，想赚点儿小钱的时候，总是不能得偿所愿。我的第一个故事名字叫《雨》，它似乎生不逢时，与我年少时写的其他故事一样，没有碰到什么出版的机会。可我并不介意，仍然继续写作，直到六篇全部完成，才找到几份杂志将它们逐一发表。后来，我又将它们集中收录，出版为一本故事合集。而这些故事，也终于不负所望，获得了出乎意料的成功。我喜欢独自创作，沉浸于自己的幻想世界之中，与笔下的人物共度两三个礼拜的时光，然后与他们挥手告别。每位作家写作时，都难免要与自己虚构的人物相伴好几个月，此时，他们可能会因为频繁的接触，心生厌烦，可当真正动笔之时，往往又手忙脚乱，根本没有时间去烦恼。这样的故事，每篇大概一万两千字，可以为作家提供广阔的发挥空间，但同时也要求尽量简洁，不要画蛇添足。就这一方面而言，我早已历经千锤百炼。

我非常不幸，郑重其事开始写短篇故事的时候，正好赶上英美两地的文学精英开始大肆推崇契诃夫。文学世界多少缺乏平衡，当一种喜好开始盛行时，人们往往认为这是天国的第一法则，将永远流行下去。当时风行的观念是，任何拥有艺术倾向、想创作短篇故事的人，都必须模仿契诃夫的风格。许多作家一时间声名鹊起的诀窍，便是将忧郁、神秘、无能、绝望、徒劳等俄国文学的典型情感色彩嫁接到了萨里、密歇根、布鲁克林或克拉珀姆身上。必须承认的是，契诃夫不难模仿，光我知道的，就有几十个俄国避难者深谙此道。他们曾将自己写的故事寄予我进行修改，以纠正英文措辞，但由于我无法从美国杂志方为他们争取到可观的利益，他们便恼羞成怒，使我蒙受了大量的经济损失。契诃夫是位优秀的短篇小说作家，虽说存在一定的局限性，却能够巧妙地以这种局限为基础进行艺术创作。他无法创作出《遗产》或《项链》这样情节紧凑、脍炙人口且极具戏剧性的故事。作为一个普通男人，他乐观积极、求真务实。可作为一名作家，他多愁善感、意志消沉，讨厌所有过激的行为和朝气蓬勃的情感。他的幽默，往往伴随着痛苦，就像恐惧神经受到异常触动之人发出的剧烈挣扎。他眼中的生活单调乏味，笔下的人物也缺乏个性，甚至都无法激起他本人的兴趣。或许正因如此，你才会发现，这些人物似乎无法分离，依赖于彼此而存在，他们就像黑暗中摸索前行的诡异灵体，彼此相交相融。或许也正因如此，你才会发现，我们的生活似乎充满了未知甚至毫无意义。而这些，都是契诃夫作品中独一无二的品质，是他的追随者都已经彻底忘记的品质。

我不知道自己的故事能不能写出契诃夫的风格，不过，我也不想那样做。我要写的故事，必须结构紧凑，自始至终围绕一条连续不断的主线有序推进。我心目中的短篇小说只讲述一个故事，这个故事无论是物质上的，还是精神上的，只要能够作为一个戏剧性的整体将事情的来龙去脉阐释清楚，便可以摒弃其他一切非必要的元素。我并不怕我写的东西缺乏技术上的"要义"，对我来说，短篇小说似乎只有缺乏逻辑时，才应该受到指责。而那些不合格的短篇作品可能是因为某些作家一味追求效果，莫名其妙地随意拼凑事实所致。简言之，我更倾向于以句号而非省略号结束我的短篇故事。

我认为，这种结构清晰、内容简洁的短篇小说，相比英国读者而言，应该更受法国读者的欢迎。我们那些伟大的小说作品，往往形式松散、结构笨重，却非常符合英国读者的品位，因为他们十分欣赏这些体量庞大、结构松散、内容隐秘的伟人之作。这种随心所欲的结构、无规律可循的故事编排方式，以及与主题关联性不高却轮番登场的奇怪角色，为英国小说赋予了一种怪异的真实感。也正是这一点，引起了法国人民强烈的反感。关于小说的形式问题，亨利·詹姆斯曾向英国作家提出过一些建议，虽然引起了广泛关注，但实际效果却微乎其微。他们认为，形式意味着情感氛围的缺乏，意味着令人厌烦的桎梏。作家写作时，如果过分拘泥于形式，就相当于错失了一种随心所欲的生活方式。法国评论界认为，一部小说必须包含开头、过程、结尾、一个明确推进的主题、一个合乎逻辑的结论，以及与关键话题相关的一切重要信息。或许是因为早年莫泊桑的影响，又或许是因为我接受过剧作家的训练，我逐渐培养了一种法国人民都喜闻乐见的文学形式感。所以我的故事，他们无论怎么看，都看不出任何忧郁的色彩，都不会感到冗长乏味。

从生活中选取人物原型

　　生活很少为作家提供现成的故事。可事实，往往又会令人感到厌烦。事实可以引导作家发挥想象，可过分拘泥于事实又可能对故事全局产生重大影响，于创作而言是不利的。关于这一点，我想《红与黑》算是比较恰当的佐证。这是一部非常伟大的小说，但它的结局却不尽如人意。而原因似乎也很明显。司汤达的创作灵感源于一起著名的案件：年轻的神学院学生杀死了他怨恨已久的一名女子，接受审判后，上了断头台。司汤达将大量自我意志赋予了主人公于连·索雷尔，既让他充满野心，又让他郁郁不得志。他创造了小说历史上最有趣的人物角色之一，足足用了全书四分之三的篇幅，树立了一个前后一致、真实可信的主人公形象。可之后，他却受到了创作灵感的制约，不得不引导故事向最初的事实发展。为了自圆其说，他只能剥夺主人公的才智，迫使他以颠覆认知的方式违背本性。如此令人震惊的反差大大削弱了作品的可信度，而当读者不再相信一部作品时，这部作品也就丧失了原有的吸引力。因此，如果一位作家无法协调事实与人物性格之间的矛盾，那么就必须拥有放弃事实、追求逻辑的勇气。我不知道司汤达本可以如何收尾，但要想找到一个更加不尽如人意的结局也是很难的。

　　我写过的不少人物都拥有各自的现实原型，我也因此饱受许多人的非议与责难。从我读过的那些点评来看，或许会有人认为古往今来从没有人这样做过。可不得不说，那都是一派胡言。因为从生活中选取人物原型是小说创作领域的普遍现象。自文学创立之初，作者的创作就不是空穴来风。我一直相信，彼得罗纽斯笔下贪吃的特里马乔一定确有其人；莎士比亚的学生也一定已经找到贾斯蒂斯·沙洛先生的原型；情操高洁、为人正直的司各特以他的父亲为原型，分别于两本书中刻画出了年轻刻薄、年迈温和的两种形象。司汤达更是于自己的一部手稿中，写下了人物原型的名字。屠格涅夫说，不以活生生的人物为起点，将想象力固定在他的身上，就无法虚构出另外一个人物来。一位否认自己拥有创作原型的作家，要么是在欺骗别人，要么是在欺骗自己。而当他袒露实情，交代自己的确没有任何参照人物时，我更愿意将其归功于他的远古记忆，而非创作的本能。只要我们涉猎足够广泛，就可以发现数不清的达达尼昂、普劳迪太太、阿奇迪肯·格兰特利、简·爱和热罗姆·夸尼亚尔，他们或许拥有不同的名字、穿着不同的衣服，但他们本质上都是同一个人。我想说的是，从现实生活中选取创作原型的方法不仅普遍，而且非常有必要。我不明白为什么有那么多作家耻于承认这一点。正如屠格涅夫所说，只有当脑海中存在某个确定的原型时，才能将活力和个性赋予自己创造的人物。

　　这是一种创造的手段。因为即便是最亲密的人，我们有时也只能略知一二，以我们对他们的了解程度，恐怕无法通过几页的内容便将其生动再现。人心难测，最善掩藏、躲闪，无法完全复刻，且常常过于善变，自相矛盾。作家并不是在复制一个一模一样的人，而是在汲取自己创作所需的一切，比如一些具备吸引力的特征、一些可以引发作者联想的习性。他并不关心自己写出来的人物是否忠实于原型，只想创造一种逻辑上的和谐氛围，以便实现自己的最终目标。因此，作者最终的成品可能与原型严重不符，以致有人甚至会误以为他生动还原了另一个完全不同的人物。一般来说，选择关系亲密之人作为创作原型的情况实属偶然，因为对于作家来说，茶肆中的惊鸿一瞥，或者游轮上的片刻交谈，便足以为他提供创作的土壤。而他所需要的，也只有这层稀薄而肥沃的土壤，以便他可以通过自己的阅历、直觉，通过他对人性的认知进行精耕细作。

作家选取的原型人物本身往往都非常敏感，且若非如此，创作这件事本该是一帆风顺的。人们多以自我为中心，因此，就算与某位作家仅有一面之缘的人，也会不断从他的作品中搜寻自己的痕迹。而倘若此人可以有一千个理由说服自己，说自己就是某某作品中某某人物的原型时，那么哪怕该人物的身上只有一丝一毫的缺憾，也会极大地触动他的敏感神经。虽然他可能会若无其事地与朋友调侃，嘲笑他们的荒谬，但他的虚荣心绝对无法接受自己拥有缺陷和荒谬之处的事实。对于他来说，朋友们充满恶意的愤怒以及虚情假意的同情，无异于雪上加霜。当然，这其中也存在诸多无稽之谈。一些声称与我交往过的女人，说我在自己的文章中辜负了她们的一片热诚，可我非但没有跟她们交往过，而且也不认识，甚至没听说过她们。我想，许多作家一定也拥有过类似的经历。这些风尘中人如此爱慕虚荣、空虚寂寞，甘愿做一个讨人嫌的微末角色，背负圈子中的小小骂名，真是可怜又可恨。

　　或许是因为作家可以发现普通人身上毫不起眼的重要品质，所以他们有时也会以普通人为原型，创造一个高贵、自律、勇敢之人。奇怪的是，由此创造出来的人物往往面目全非，与原型人物大相径庭。而只有当此人的瑕疵或缺陷被表现出来时，人们才能马上反应过来他姓甚名谁。因此，我只能得出这样一个结论：我们对朋友的了解，往往建立在他的缺点而非优点之上。作家很少愿意得罪人，而且通常会竭尽所能保护自己的原型，他们会更改原型人物的生活地区、谋生手段和社会阶级，但不会轻易改变他们的容貌。相由心生，而一个人心境的外在形式便是他的外表。作家无法将一个高个子写矮，却于其他方面保持不变。一个人的高度决定了他观察周围环境的视野，也间接影响着他的性格。同样的道理，作家也无法不露痕迹地将一个身材娇小的黑发女子写成高挑的金发女郎，他们必须保持原型人物的本来面目，否则便会失去他们身上原本打动你的那份特质。任何人都没有权利指着一本书上的人物说："这说的就是我。"他只能说："我是这个人物的创作灵感。"假如他神志清醒，他只会感到好奇而非懊恼。而作家凭借自己的创造力和直觉，或许还可以向他提出一些有用的建议。

伟大的评论家必须同时是个伟大的人

二十几岁时，评论家们说我野蛮；三十几岁时，他们说我轻浮；四十几岁时，愤世嫉俗；五十几岁时，才能兼备；如今我六十几岁了，他们又说我肤浅。我万里独行，沿着自己为自己设计的道路砥砺前行，不断通过作品追求自己梦寐以求的人生。我认为，每位明智的作家都应该多读他人的点评，以同等的平常之心对待指责与赞赏——被称作天才之时，耸耸肩膀一笑置之是件很容易的事，可被当作傻瓜时，要想若无其事就没那么容易了。从评论的历史发展来看，当代评论难免会出现谬误，因此，作家必须掌握好分寸，自行决定对某一观点重视或忽视的程度。况且，评论家们常常各执一词，作家们很难据此归纳出自己的优、缺点。英国读者对于小说，似乎存在一种自然的蔑视倾向：即便名不见经传的政客的自传、皇室官妓的风流韵事，也会被郑重其事地拿来讨论；可正经小说，却会被三五成捆地绑在一起，由某位善于哗众取宠的评者进行点评。因为英国人务实，更喜欢读那些可以直接提供信息的作品，而非艺术作品。而此时，小说家要想从评论中获取益于自身发展的信息，便非常困难了。

不幸的是，当代的英国文学界还没有培养出像圣伯夫、马修·阿诺德以及布吕纳蒂耶这样的评论大家。评论家通常不会重点关注当代文学，即便关注了，对于以上三位来说，也不会对当代作家产生什么直接的影响——圣伯夫一生都在追求他眼中的成功，最终也未能如愿以偿，所以他无法公平看待每位时代同胞。马修·阿诺德点评过诸多同时代的法国作家，品位上出现过很大的问题，因此即便他转而点评英国作家，我们也没有理由认为他可以做得更好。布吕纳蒂耶则过于苛刻，衡量作家的方法简单粗暴，对于那些写作目标违背自己意志的作家，他完全看不到他们身上的优点。评论家性格方面的力量，往往是天资无法赋予的。可无论如何，作家也确实因为认真对待文学的评论家们，而获益匪浅，即使痛恨他们，也还是会受到敌对心理的刺激，对自己的目标产生更加清晰的认识。换句话说，评论家可以激起作家内心的兴奋之情，强化他们奋发图强的意识，促使他们以更加认真的态度对待各自的艺术创作。

柏拉图的一段对话，试图说明评论的不可能性，可事实上，他不过讲出了苏格拉底方法中的激进之处。世上有一种评论是完全没有意义的，那便是评论家为了报复早年之辱而故意写出的恶评。评论为他提供了挽回颜面的契机。上学时，他无法适应这一方小小世界中的法则，只能任人拳打脚踢。长大以后轮到他了，他便对别人拳打脚踢，以安抚他曾经受伤的心灵。他评判一本书的标准，只有自己对某一作品的看法，而不是作品对他产生了什么样的影响。

如今，我们对于权威评论家的需求，比以往任何时候都要更加急迫，因为如今的艺术界已经乱了套。作曲家在讲故事；画家在讨论哲学问题；小说家则在宣义布道；诗人无心钻研各自的诗歌韵律，试图将散文的韵律硬加上去；散文作家，则试图将诗歌的韵律强加到散文之中。现在，我们急需一位权威人士，以各艺术形式的特异性，来重新界定彼此之间的差异，并向误入歧途的人指出，他们的探索只会让他们更加迷茫，不知所措。一位精于所有艺术形式，拥有足够发言权的全能人士，虽然不太可能横空出世，但需求终会刺激供给，那位足以比肩圣伯夫和马修·阿诺德之人，或许真的会在我们有生之年突然崛起，而后大放异彩。最近，我读了两三本书，它们均主张为评论创立一个单独的学科。而我认为，假如评论家们都拥有伟大的人格，这件事倒也没什么可反对的，可这显然是不可能的，而评论终究也只是一项个人活动。对于评论家来说，将评论视为一项创造性的活动是非常危险的。因为评论家的职责是指导，是鼓励，是创作的全新途径。如果他将自己的工作视为一项创造性的活动，那么他就会更加关注创造活动本身，而非自己应尽的职责。他可以试着写一出戏剧、写一部小说，或者写几行诗句，因为他必须据此掌握写作的技巧。可如果他无法意识到创作不是自己的本分，便永远无法成为伟大的评论家。如今的评论之所以毫无意义，也正是因为原本应该致力于创作的作家将评论当成了自己的副业。伟大的评论家，应该具备广泛的知识储备，以及同样广泛的同情心。这种同情不应建立于世俗的冷漠之上，即让他人包容他们毫不关心的事，而应建立于包容多样性的乐观态度之上；他必须既是心理学家又是生理学家，必须了解文学的基本元素是如何与人的思想和身体建立联系的；他必须是个哲学家，能够保持冷静、客观的态度，能够理解人为事物终究只是昙花一现的道理；他必须精通本土文学，理解文学基础之上建立的各种标准，并努力学习他国的当代文学，明辨文学的发展方向，从而指引自己的本国同胞；他必须以传统文化为支撑，掌握一国文学固有的表达方式，并尽其所能保证它的自然发展，因为传统是一种指引，而非桎梏；他必须拥有耐心、恒心和热心；他读的每一本书都必须是一场新鲜刺激的历险，同时他也必须以自己渊博的知识和性格的力量对其进行评判。事实上，伟大的评论家必须同时是个伟大的人。他必须足够伟大，以至于他可以意识到：自己的作品固然重要，但也仅具备短暂的价值。因为他的价值，仅仅在于满足当代人的需求，为他们指明前行的道路。而当新一代人、新的需求同时出现时，他们便再没什么利用的价值，只能与自己的作品一起，被丢到垃圾堆里。

如果他认为文学是人类最重要的追求之一，那么他为此而艰苦奋斗的一生也就值得欣慰了。